# 초급
# 한국어
# 2

# 발간사

2004년에 개교한 사이버한국외국어대학교는 한국에서 유일한 온라인 외국어교육 특성화 대학으로 2007년에 국내외 외국인에게 한국어를 교육할 수 있는 전문 한국어 교원 양성을 목적으로 한국어학부를 열었습니다. 한국어학부는 창과 이래 해외한국어교육 실습과 교수진의 해외 한국어 교원 대상 특강 등을 활발히 이어 왔으며, 그 과정에서 온라인을 통한 한국어 학습 요구가 높음을 확인하였습니다. 또한 국내 이주민 단체와 해외 협력 대학의 적극적인 요청에 힘입어 2018년 외국인 전용 전공인 '실용 한국어' 과정을 신설하였습니다. 한국어학부는 현재 외국어로서의 한국어 교육 전공과 한국어 전공 두 개의 전공을 운영하고 있으며, 2025년 현재 한국어 전공에는 15개국 200여 명의 외국인 학생들이 한국어를 학습하고 있습니다.

사이버한국외국어대학교 한국어학부의 한국어 학습 콘텐츠(VOD)는 한국어 전공 학생 이외에 사이버한국외국어대학교와 교류하고 있는 해외 대학 한국어 전공 학생들에게도 학점 교류 형태로 제공되고 있습니다. 한국어학부 교수진은 이 학생들의 한국어 학습을 적극적으로 지원하고자 VOD와 함께 사용할 수 있는 출판물 형태의 교재 개발을 기획하였고 한국어 전공 교육과정 중 초급1, 초급2, 중급1, 중급2, 고급1, 고급2의 교과목에서 다루는 내용을 바탕으로 이 교재를 개발하였습니다.

이 교재는 다음과 같은 특성을 가집니다.

첫째, 각 권이 16개 단원으로 구성되어 대학 기관에서 수업용 교재로 활용하기에 적합합니다. 대학부설 한국어교육기관과 달리 일반적으로 14주~16주로 구성된 학기 운영을 하는 대학 수업에 맞게 단계별로 16개 단원으로 교육 내용이 구성되었습니다.

둘째, 교재의 내용이 동영상 강의와 연계되어 있어 혼합학습(Blended Learning)과 거꾸로 학습(Flipped Learning)으로 교수학습 활동을 운영할 수 있습니다. 혼합학습은 학습 내용에 대한 이해를 충분히 하고 무한 반복 학습을 가능하게 하여 완전 학습을 이끌 수 있습니다. 또 거꾸로 학습은 학습 내용을 바탕으로 교실에서는 의사소통 중심에 초점을 맞춘 활동을 가능하게 할 수 있습니다.

셋째, 언어 학습의 전형적인 단계인 '이해'와 '사용'의 순서로 학습 내용이 배열되어 있어 교사의 수업 구성이 용이합니다. 어휘와 문법을 학습하고 문법의 규칙을 익히는 연습 활동, 그리고 학습한 것을 활용하여 수행하는 언어 활동의 순으로 학습 순서가 구성되어 있습니다.

넷째, 의사소통 능력과 언어 정확성을 모두 고려하여 형태와 의미에 초점을 둔 학습을 구성하였습니다. 의사소통 상황 속에서 자연스럽게 의미를 전달하는 능력을 기를 수 있도록 열린 과제 수행을 통해 학습 어휘와 문법을 통합적으로 이용할 수 있습니다.

다섯째, 풍부한 어휘 확장이 가능하도록 어휘 제시를 설계하였습니다. 주제 연관어뿐만 아니라 의미적 연관성에 따라 긴밀하게 연상 가능한 어휘들을 조직화하여 제시하고 연습에 이용할 수 있도록 함으로써 학습자들이 다양한 어휘들을 접하고 사용할 수 있습니다.

이 교재가 나오기까지 기획에서 집필, 그리고 교정 등의 모든 과정에서 함께 고민하고 수고를 아끼지 않으신 사이버한국외대의 교수진께 깊은 감사를 드립니다. 또한 어려운 출판 환경에서도 출판을 허락하여 주신 도서출판 하우의 박민우 대표님께 진심으로 감사를 드립니다. 보이지 않는 곳에서 삽화와 편집으로 애쓰신 하우의 관계자 여러분께도 감사의 마음 전합니다. 이 교재가 국내외에 흩어져 외롭게 한국어를 공부하고 있는 많은 학습자들에게 든든한 도우미가 되기를 바랍니다.

고맙습니다.

2025년 12월

**저자 대표 진정란**

# 일러두기

『초급 한국어』는 한국어 초급 학습자를 대상으로 일상생활에서 기본적인 의사소통을 할 수 있는 능력을 기를 수 있도록 구성된 교재입니다. 인사, 소개, 가족, 일상생활, 쇼핑, 여가 등 학습자가 실제 생활에서 자주 접하는 주제를 중심으로 필수 어휘와 표현을 익히고, 이를 다양한 상황 속에서 활용할 수 있도록 단계적으로 설계되었습니다.

## 교재 구성 및 활용 대상

이 교재는 총 16개 단원으로 구성되어 있으며, 일반적인 대학의 한 학기(15~16주) 수업 일정에 맞추어 개발되었습니다. 따라서 국내외 대학의 한국어 수업에서 주 교재 또는 보조 교재로 활용하기 적합합니다.

## 교재 구성의 특징

- 1과~7과, 9과~14과의 각 단원은 도입, 어휘·표현, 문법, 대화, 활동(배운 어휘와 문법을 활용한 표현 활동)으로 이루어져 있습니다.
- 8과와 15과는 복습 단원으로 이전 단원에서 학습한 내용을 확인할 수 있는 연습 문제와 함께 한국의 문화를 소개하는 읽기 자료가 포함되어 있습니다.
- 16과는 한국어능력시험(TOPIK)의 읽기 문제 형식을 응용한 단원으로, 수준별 읽기 능력을 점검하고 평가할 수 있도록 구성되어 있습니다.

## 온라인 연계 활용

이 교재는 강의자의 설명과 학습 연습이 포함된 온라인 콘텐츠와 함께 사용할 수 있도록 개발되었습니다. 따라서 온라인과 오프라인 수업을 병행하는 하이브리드형 교재로 활용할 수 있으며, 온라인 콘텐츠와 함께 사용할 경우 자가학습용 교재로도 적합합니다.

## 단원별 구성

### 도입

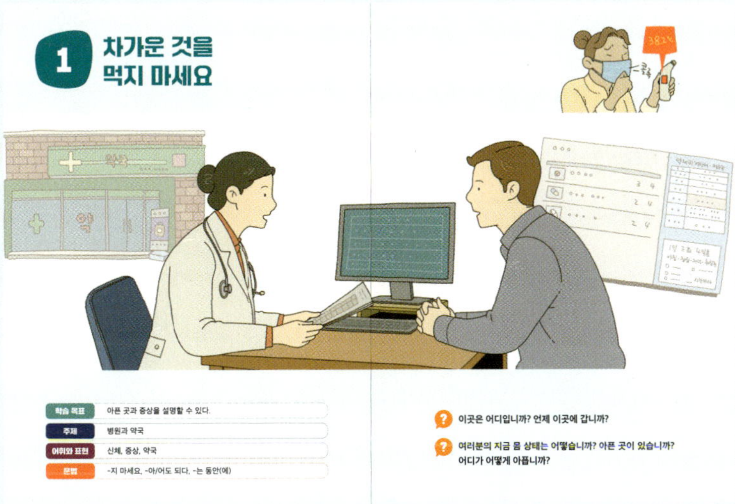


주제와 관련된 그림과 질문으로 단원의 내용을 미리 생각해 보고, 말하기 연습을 할 수 있습니다.

### 어휘 · 표현

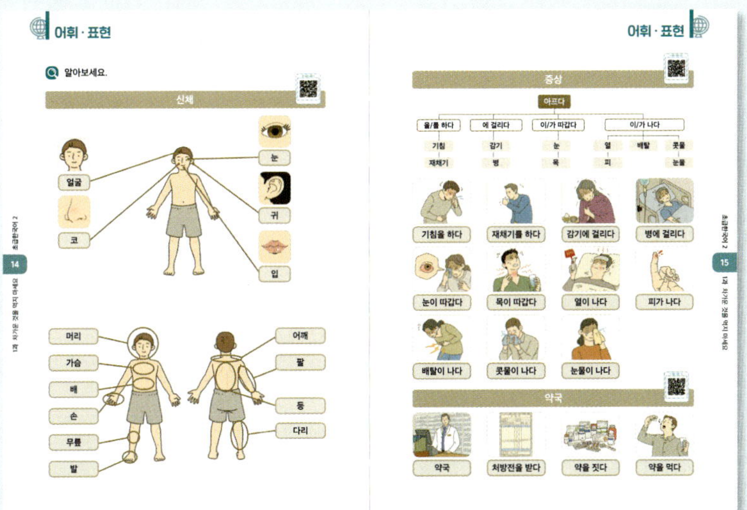


어휘·표현에서 주제와 관련된 핵심 어휘를 학습합니다. 그림과 함께 제시하여 어휘의 의미를 파악할 수 있고 연습 문제를 통해 학습한 어휘를 확인할 수 있습니다.

## 문법

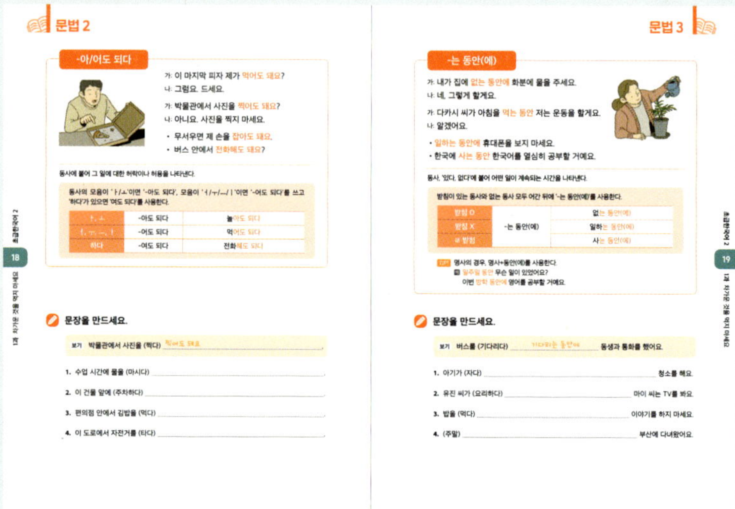


단원의 문법 항목이 3개 제시되어 있으며 예문과 연습 문제를 통해 문법을 익힙니다. 그림과 예문을 통해 문법의 의미와 사용되는 상황을 이해할 수 있습니다.

## 대화

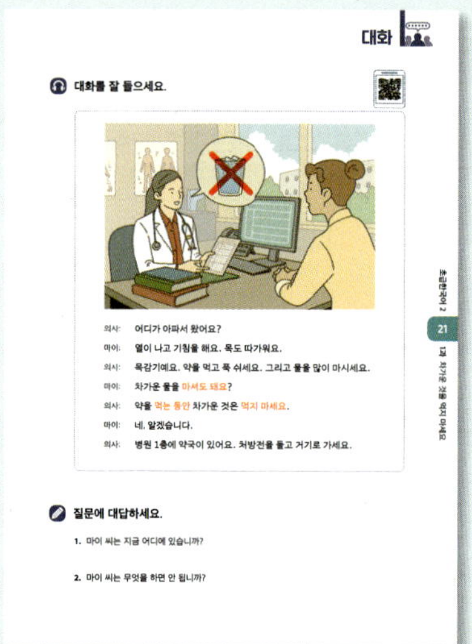


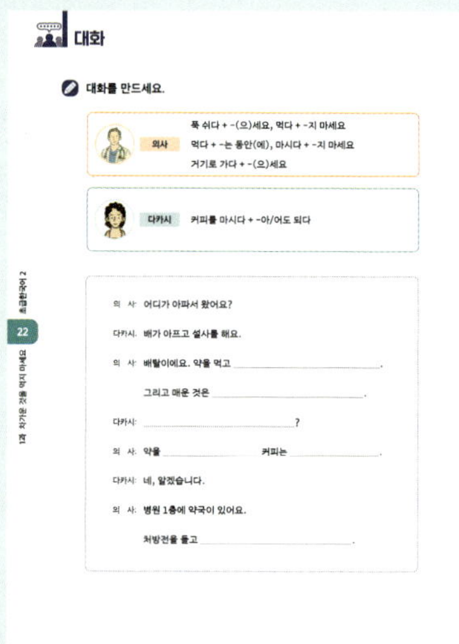


학습한 어휘와 문법이 사용된 실용적인 대화를 통해 맥락 속에서 표현을 이해합니다. 대화문과 함께 제공되는 음원을 들으며 대화를 연습할 수 있습니다. 대화를 들은 후 질문을 통해 내용을 다시 확인할 수 있습니다. 주어진 대화를 응용하여 다양한 상황에서의 대화를 만들며 확장된 연습을 할 수 있습니다.

## 활동

실제적인 의사소통 능력을 기를 수 있도록 주제에 맞는 활동이 구성되어 있습니다. 실제적인 과제 수행을 통해 학습한 어휘와 문법을 다양하게 사용할 수 있습니다.

마지막으로 확인 점검을 통해 학습한 내용을 정리하며 단원 목표 달성 여부를 스스로 점검할 수 있습니다.

# 교재 구성표

| 단원 | 단원명 | 학습목표 | 주제 | 어휘와 표현 |
|---|---|---|---|---|
| 1과 | 차가운 것을 먹지 마세요 | 아픈 곳과 증상을 설명할 수 있다. | 병원과 약국 | 신체, 증상, 약국 |
| 2과 | 한국에 온 지 얼마나 되었어요? | 자신의 아르바이트 경험에 대해 이야기할 수 있다. | 아르바이트 경험 | 아르바이트, 날짜 표현 |
| 3과 | 쭉 가다가 사거리에서 길을 건너세요 | 길을 묻고 대답할 수 있다. | 길 묻기 | 길 안내, 이동 표현 |
| 4과 | 방학에 경주나 전주에 가려고 해요 | 휴가, 방학 계획을 이야기할 수 있다. | 방학 계획 | 시험과 방학, 시간대 |
| 5과 | 한번 입어 보는 게 어때요? | 쇼핑에 관해 제안할 수 있다. | 쇼핑 | 옷, 색깔 |
| 6과 | 요즘 회사를 옮길까 해요 | 안부를 묻고 답할 수 있다. | 안부 | 안부 인사, 근황 |
| 7과 | 준비한 야채를 넣고 같이 볶아요 | 요리 방법을 설명할 수 있다. | 요리 | 식재료, 조리 방법 |
| 8과 | 문화와 복습 1 | 한국의 가정의 달에 대해 이해할 수 있다. | 문화와 복습 | 1~7과 어휘와 표현 복습 |
| 9과 | 이삿짐을 같이 옮겨 줄 수 있어요? | 필요한 일을 부탁할 수 있다. 이유를 들어 거절할 수 있다. | 부탁과 거절 | 부탁과 거절, 부탁 내용 |
| 10과 | 베트남에서 온 마이라고 합니다 | 자신의 성격과 관심사에 대해 소개할 수 있다. | 자기소개 | 성격, 관심사 |
| 11과 | 제 휴대폰을 찾는 중이에요 | 자신이 처한 문제 상황에 대해 설명할 수 있다. | 문제 해결 | 문제와 해결 |
| 12과 | 스트레스가 많아져서 요가를 시작했어요 | 스트레스 해소 방법에 대해 이야기할 수 있다. | 스트레스 | 스트레스 원인과 해소 |
| 13과 | 풍경이 그림처럼 예쁘네요 | 풍경과 분위기를 묘사할 수 있다. | 풍경 묘사 | 묘사, 비교 |
| 14과 | 처음 한국에 왔을 때 실수를 많이 했어요 | 자신의 실수 경험에 대해 이야기할 수 있다. | 실수 경험 | 실수, 높임 표현 |
| 15과 | 문화와 복습 2 | 한국의 지리와 지형에 대해 이해할 수 있다. | 문화와 복습 | 9~14과 어휘와 표현 복습 |
| 16과 | 종합연습 | - | 종합 연습 | 공인한국어시험 어휘와 표현 연습 |

| 문법 | | | 활동 | 발음 |
|---|---|---|---|---|
| -지 마세요 | -아/어도 되다 | -는 동안(에) | 의사와 환자 역할극 하기 | - |
| -(으)ㄴ 지 | -(으)ㄴ 적이 있다/없다 | -기 | 아르바이트 지원 동기서 쓰기 | - |
| -다가 | -기 전에 | -고 나서 | 친구에게 우리 집 오는 길 설명하기 | - |
| 마다 | -거나 | -(으)려고 하다 | 방학 계획에 대한 글 쓰기 | - |
| -(으)니까(이유) | -는 게 어때요? | -(으)ㄴ/는 것 같다 | 친구에게 어울리는 옷 추천하기 | - |
| -(으)ㄴ/는데 (배경) | -(으)ㄹ까 하다 | -(으)면서 | 안부 편지 쓰기 | - |
| -(으)ㄴ | -(으)ㄹ | -게 | 조리 방법을 소개하는 글 쓰기 | - |
| 1~7과 문법 복습 | | | 자기 나라와 한국의 기념일에 대해 말하기 | 한국어의 받침 발음2(겹받침) |
| -아/어 주다 | -기 때문에 | -기로 하다 | 친구/가족에게 부탁하는 메시지 쓰기 | - |
| (이)라고 하다 | -(으)려고 | -(으)ㄴ/는 편이다 | 자기소개 메모하고 녹음하기 | - |
| -(으)면 되다 | 피동 (-이/히/리/기-) | -는 중이다 | 문제 상황에 대해 말하기 | - |
| -아/어지다 | -게 되다 | -(으)ㄴ/는데 (대립) | 스트레스 원인과 해소 방법에 대해 말하기 | - |
| 처럼 | -아/어 있다 | -아/어 보이다 | 우리 동네를 묘사하는 글 쓰기 | - |
| 밖에 | 께 | -았/었을 때 | 실수 경험에 대한 글 쓰기 | - |
| 9~14과 문법 복습 | | | 자기 나라와 한국의 산과 바다에 대해 말하기 | 한국어의 연음 규칙2(겹받침) |
| 공인한국어시험 문법 연습 | | | - | - |

# 차례

이곳은 어디입니까? 언제 이곳에 갑니까?

여러분의 지금 몸 상태는 어떻습니까? 아픈 곳이 있습니까?
어디가 어떻게 아픕니까?

# 어휘 · 표현

## 알아보세요.

### 신체

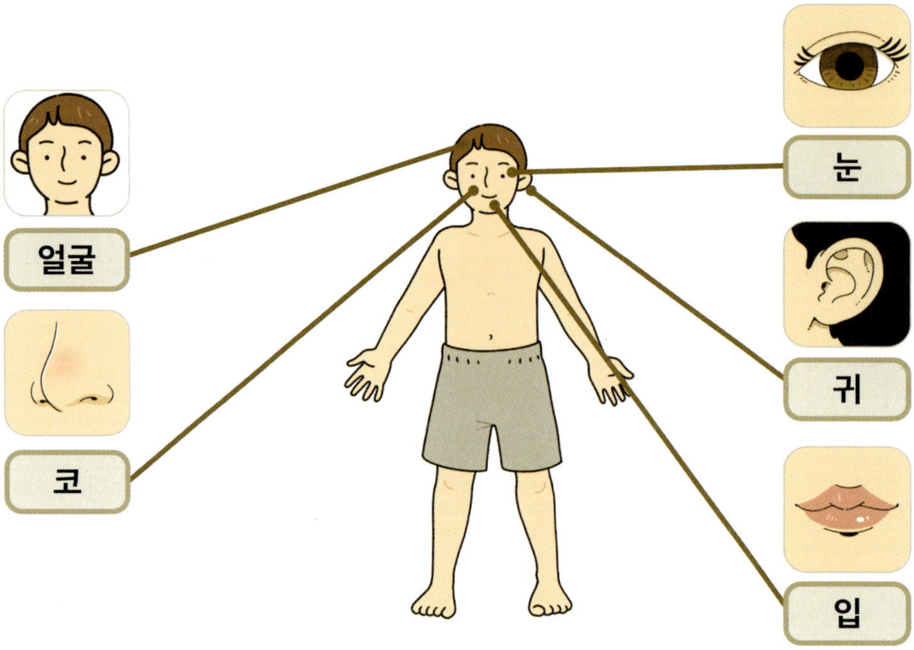


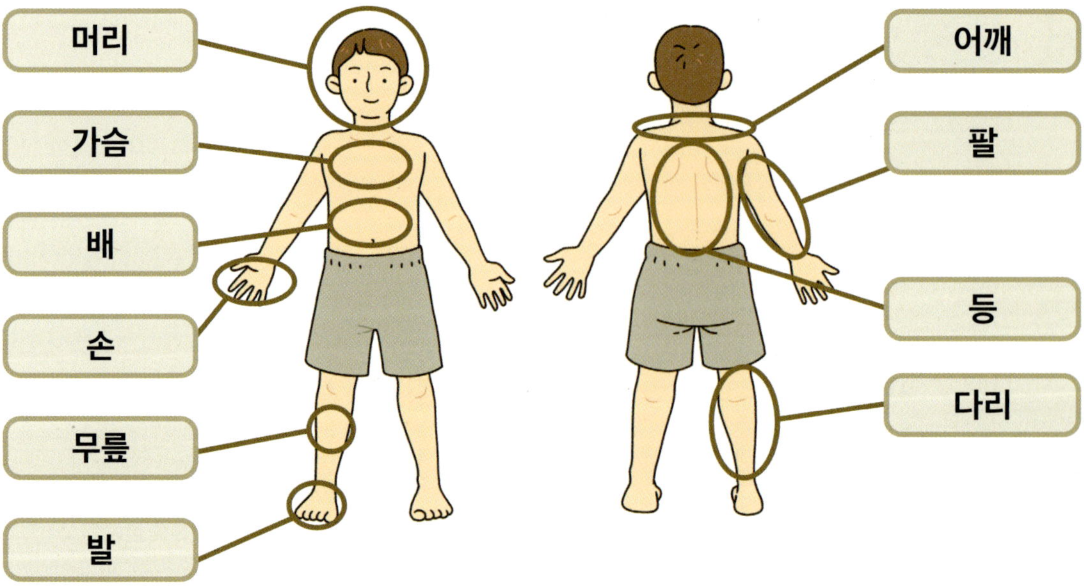

## 증상

- 아프다
  - 을/를 하다: 기침, 재채기
  - 에 걸리다: 감기, 병
  - 이/가 따갑다: 눈, 목
  - 이/가 나다: 열, 피, 배탈, 콧물, 눈물

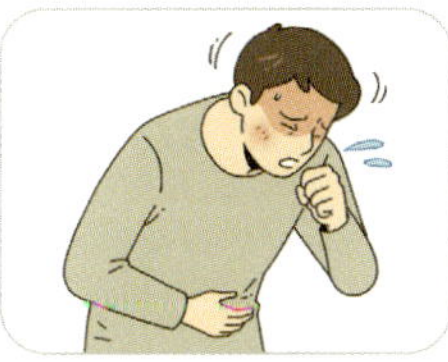

기침을 하다

재채기를 하다

감기에 걸리다

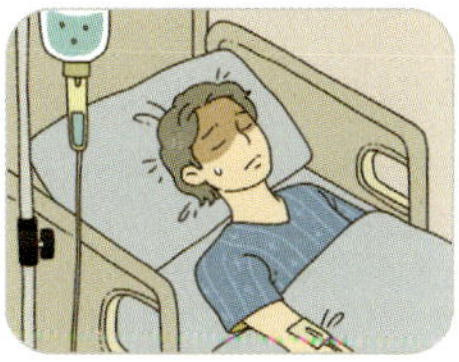

병에 걸리다

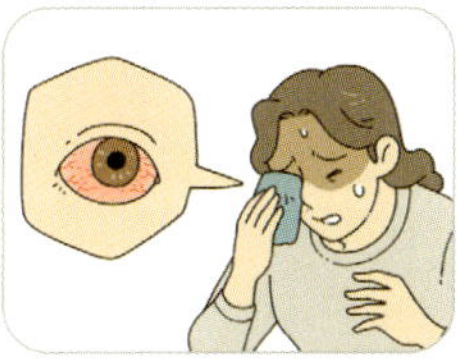

눈이 따갑다

목이 따갑다

열이 나다

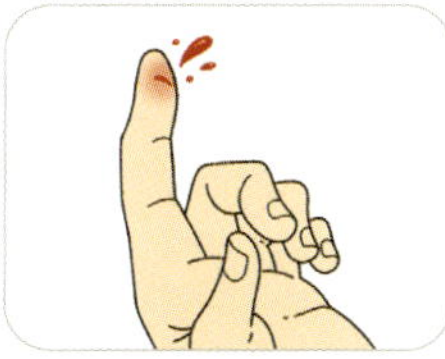

피가 나다

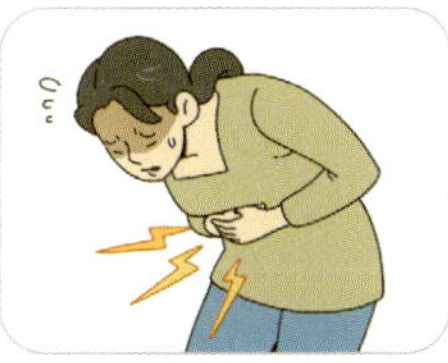

배탈이 나다

콧물이 나다

눈물이 나다

## 약국

약국

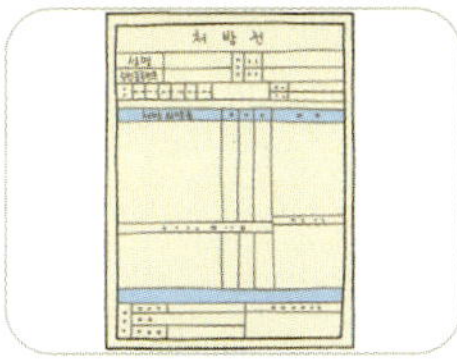

처방전을 받다

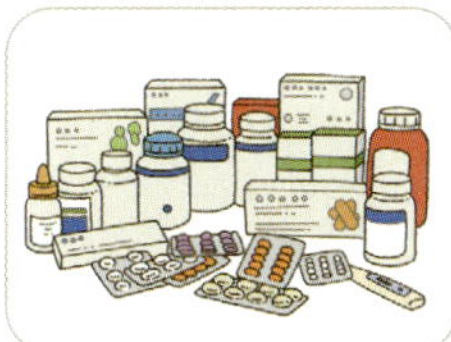

약을 짓다

약을 먹다

# 어휘 · 표현

## 단어를 쓰세요.

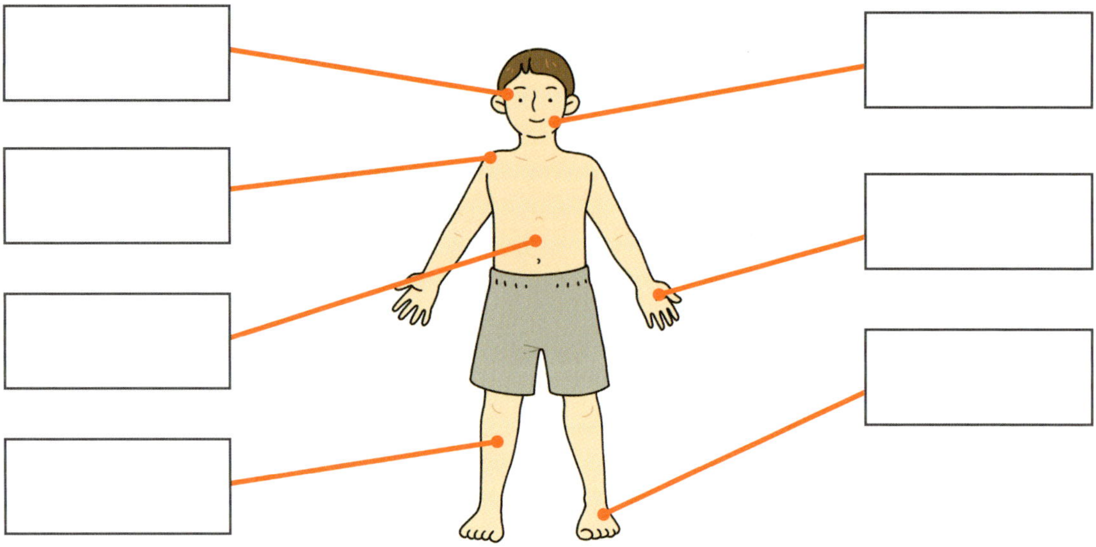

## 연결하세요.

보기 감기 — 걸리다

1. 열
2. 목
3. 피
4. 배탈
5. 콧물

나다

걸리다

따갑다

## -지 마세요

가: 수업 시간에 친구와 이야기하지 마세요.
나: 네, 알겠습니다.

가: 저는 매운 것을 못 먹어요.
나: 그럼 이 음식을 먹지 마세요.

- 약속 시간에 늦지 마세요.
- 차가운 음료를 마시지 마세요.

동사에 붙어 그 행위의 금지를 나타낸다. 격식체에서는 '-지 마십시오'를 사용한다.

받침이 있는 동사와 없는 동사 모두 어간 뒤에 '-지 마세요'를 사용한다.

| | | |
|---|---|---|
| 받침 O | -지 마세요 | 읽지 마세요 |
| 받침 X | | 오지 마세요 |

## 문장을 만드세요.

보기  버스 안에서 음식을 먹지 마세요.

1.  강에서 ______________________.

2.  가게 앞에 ______________________.

3.  길에 쓰레기를 ______________________.

4.  이곳은 금연 구역이에요. 담배를 ______________________.

# 문법 2

## -아/어도 되다

가: 이 마지막 피자 제가 **먹어도 돼요**?
나: 그럼요. 드세요.

가: 박물관에서 사진을 **찍어도 돼요**?
나: 아니요. 사진을 찍지 마세요.

- 무서우면 제 손을 **잡아도 돼요**.
- 버스 안에서 **전화해도 돼요**?

동사에 붙어 그 일에 대한 허락이나 허용을 나타낸다.

동사의 모음이 'ㅏ, ㅗ'이면 '-아도 되다', 모음이 'ㅓ, ㅜ, ㅡ, ㅣ'이면 '-어도 되다'를 쓰고 '하다'가 있으면 '여도 되다'를 사용한다.

| ㅏ, ㅗ | -아도 되다 | 놀아도 되다 |
|---|---|---|
| ㅓ, ㅜ, ㅡ, ㅣ | -어도 되다 | 먹어도 되다 |
| 하다 | -여도 되다 | 전화해도 되다 |

### 문장을 만드세요.

보기 박물관에서 사진을 (찍다) 찍어도 돼요.

1. 수업 시간에 물을 (마시다) ________________.
2. 이 건물 앞에 (주차하다) ________________.
3. 편의점 안에서 김밥을 (먹다) ________________.
4. 이 도로에서 자전거를 (타다) ________________.

## -는 동안(에)

가: 내가 집에 **없는 동안에** 화분에 물을 주세요.
나: 네, 그렇게 할게요.

가: 다카시 씨가 아침을 **먹는 동안** 저는 운동을 할게요.
나: 알겠어요.

- **일하는 동안에** 휴대폰을 보지 마세요.
- 한국에 **사는 동안** 한국어를 열심히 공부할 거예요.

동사, '있다, 없다'에 붙어 어떤 일이 계속되는 시간을 나타낸다.

받침이 있는 동사와 없는 동사 모두 어간 뒤에 '-는 동안(에)'를 사용한다.

| | | |
|---|---|---|
| 받침 O | -는 동안(에) | 없는 동안(에) |
| 받침 X | | 일하는 동안(에) |
| ㄹ 받침 | | 사는 동안(에) |

TIP! 명사의 경우, 명사+동안(에)를 사용한다.
예 일주일 동안 무슨 일이 있었어요?
이번 방학 동안에 영어를 공부할 거예요.

### 문장을 만드세요.

보기 버스를 (기다리다) 기다리는 동안에 동생과 통화를 했어요.

1. 아기가 (자다) ______________________ 청소를 해요.
2. 유진 씨가 (요리하다) ______________________ 마이 씨는 TV를 봐요.
3. 밥을 (먹다) ______________________ 이야기를 하지 마세요.
4. (주말) ______________________ 부산에 다녀왔어요.

# 문법 연습

## 문장을 만드세요.

보기 엄마가 요리했어요. 저는 숙제를 했어요.

➡ 엄마가 ___요리하는 동안에___ 저는 숙제를 했어요.

**1.** 아빠가 신문을 봤어요. 저는 음악을 들었어요.

➡ ________________________________________.

**2.** 친구가 운동했어요. 저는 사진을 찍었어요.

➡ ________________________________________.

**3.** 동생이 놀았어요. 저는 청소를 했어요.

➡ ________________________________________.



## 대화를 만드세요.

보기 가: 도서관에서 초콜릿을 (먹다) ___먹어도 돼요___?

나: 아니요, 도서관 안에서는 음식을 (먹다) ___먹지 마세요___.

**1.** 가: 선생님, 여기에서 (전화하다) ____________________?

나: 아니요, 교실에서는 (전화하다) ____________________.

**2.** 가: 공원에서 커피를 (마시다) ____________________?

나: 네. 그런데 쓰레기는 (버리다) ____________________.

**3.** 가: 병원에서 친구를 (만나다) ____________________?

나: 네. 하지만 큰 소리로 (말하다) ____________________.

## 대화를 잘 들으세요.

의사: 어디가 아파서 왔어요?

마이: 열이 나고 기침을 해요. 목도 따가워요.

의사: 목감기예요. 약을 먹고 푹 쉬세요. 그리고 물을 많이 마시세요.

마이: 차가운 물을 **마셔도 돼요**?

의사: 약을 **먹는 동안** 차가운 것은 **먹지 마세요**.

마이: 네, 알겠습니다.

의사: 병원 1층에 약국이 있어요. 처방전을 들고 거기로 가세요.

## 질문에 대답하세요.

**1.** 마이 씨는 지금 어디에 있습니까?

**2.** 마이 씨는 무엇을 하면 안 됩니까?

# 대화

## 대화를 만드세요.

**의사**

푹 쉬다 + -(으)세요, 먹다 + -지 마세요

먹다 + -는 동안(에), 마시다 + -지 마세요

거기로 가다 + -(으)세요

**다카시**

커피를 마시다 + -아/어도 되다

의　사: 어디가 아파서 왔어요?

다카시: 배가 아프고 설사를 해요.

의　사: 배탈이에요. 약을 먹고 ______________________.

그리고 매운 것은 ______________________.

다카시: ______________________?

의　사: 약을 ______________ 커피는 ______________.

다카시: 네, 알겠습니다.

의　사: 병원 1층에 약국이 있어요.

처방전을 들고 ______________________.

## 이야기해 보세요.

**1.** 여러분은 지금 어디가 아픕니까? 아픈 곳과 증상을 메모해 보세요.

**2.** 친구와 함께 의사와 환자가 되어 역할극을 하세요.

의사

환자

의사

환자

의사

환자

의사

환자



**확인 점검**

| | | | |
|---|---|---|---|
| 병원, 약국 관련 단어를 알고 이해할 수 있다. | ☐ | ☐ | ☐ |
| 아픈 곳과 증상을 설명할 수 있다. | ☐ | ☐ | ☐ |

# 2 한국에 온 지 얼마나 되었어요?

| 학습 목표 | 자신의 아르바이트 경험에 대해 이야기할 수 있다. |
|---|---|
| 주제 | 아르바이트 |
| 어휘와 표현 | 아르바이트, 날짜 표현 |
| 문법 | -(으)ㄴ 지, -(으)ㄴ 적이 있다/없다, -기 |

이 사람들은 무엇을 하고 있습니까?

여러분은 아르바이트를 해 봤습니까?
어디에서 무슨 일을 했습니까?

# 어휘 · 표현

## 알아보세요.

### 아르바이트

아르바이트를 찾다

면접을 보다

아르바이트를 하다 (=일하다, 근무하다)

식당에서 서빙하다

편의점에서 계산하다

카페에서 음료를 만들다

음식을 배달하다

월급을 받다

시급이 얼마이다

아르바이트를 그만두다

## 날짜 표현

### 일

| 1일 | 2일 | 10일 | 15일 |
|---|---|---|---|
| 하루 | 이틀 | 열흘 | 보름 |

### 주(=주일)

| 7일 | 14일 | 21일 | 28일 |
|---|---|---|---|
| 일 주 | 이 주 | 삼 주 | 사 주 |

### 달

| 30일 | 60일 | 90일 | 120일 |
|---|---|---|---|
| 한 달 | 두 달 | 세 달 | 네 달 |

### 개월

| 30일 | 60일 | 90일 | 120일 |
|---|---|---|---|
| 일 개월 | 이 개월 | 삼 개월 | 사 개월 |

### 년

| 1/2년 | 365일 | 730일 | 1095일 |
|---|---|---|---|
| 반년 | 일 년 | 이 년 | 삼 년 |

# 어휘 · 표현

## 단어를 쓰세요.

1. 

이번 달 ______________________을/를 받았어요.

2. 

저는 ______________________ 아르바이트를 해요.

3. 

다음 달에 아르바이트를 ______________________.

4. 

식당에서 ______________________을/를 해요.

5. 

저는 카페에서 일해요. 식당에서 ______________________을/를 만들어요.

## 연결하세요.

| | | |
|---|---|---|
| 보기 | 한 달 | 1일 |
| 1. | 삼 개월 | 14일 |
| 2. | 반년 | 30일 |
| 3. | 이 주 | 90일 |
| 4. | 일 년 | 180일 |
| 5. | 하루 | 365일 |

## -(으)ㄴ 지

가: 간식 좀 드세요.
나: 밥을 먹은 지 얼마 안 되어서 괜찮아요.

가: 이 동네에서 산 지 얼마나 되었어요?
나: 여기로 이사 온 지 3년이 지났어요.

- 대학교를 졸업한 지 벌써 10년이 넘었어요.
- 만든 지 오래된 빵은 맛이 없어요.

동사에 붙어 어떤 일에 대한 시간의 경과를 나타낸다.

받침이 있는 동사에는 '-은 지', 받침이 없는 동사에는 '-ㄴ 지'를 사용한다.

| | | |
|---|---|---|
| 받침 O | -은 지 | 먹은 지 |
| 받침 X | -ㄴ 지 | 온 지 |
| ㄹ 받침 | | 만든 지 |

TIP! 주로 '-(으)ㄴ 지 시간이 되었다/지났다'의 구성으로 사용한다.
예 대학교를 졸업한 지 10년이 지났어요.

TIP! 시간 표현 뒤에 '쯤, 정도'의 단어를 함께 쓰기도 한다.
예 여기로 이사 온 지 3년 정도 지났어요.
한국어를 공부한 지 6개월쯤 되었어요.

## 문장을 만드세요.

보기 영화관에서 영화를 보다 / 반년이 지나다
➡ 영화관에서 영화를 본 지 반년이 지났어요.

1. 이 회사에 다니다 / 3년이 되다
➡ ________________.

2. 여행을 다녀오다 / 2주가 지나다
➡ ________________.

3. 그 이야기를 듣다 / 하루도 안 지나다
➡ ________________.

4. 감기에 걸리다 / 일주일 정도 되다
➡ ________________.

# 문법 2

## -(으)ㄴ 적이 있다/없다

가: 포장마차에 가 봤어요?
나: 네, 포장마차에서 떡볶이를 먹은 적이 있어요.

가: 한국에 간 적이 있어요?
나: 네, 몇 년 전에 한국 여행을 한 적이 있어요.

- 아직 가족 사진을 찍은 적이 없어요.
- 예전에 잠깐 도서관에서 아르바이트를 한 적이 있어요.

동사에 붙어 경험의 유무를 나타낸다.

받침이 있는 동사에는 '-은 적이 있다/없다', 받침이 없는 동사에는 '-ㄴ 적이 있다/없다'를 사용한다.

| 받침 O | -은 적이 있다/없다 | 먹은 적이 있다/없다 |
|---|---|---|
| 받침 X | -ㄴ 적이 있다/없다 | 만난 적이 있다/없다 |
| ㄹ 받침 | | 산 적이 있다/없다 |

TIP! '-아/어 보다'와 함께 '-아/어 본 적이 있다/없다'의 형태로 쓰기도 한다.
예 저는 부산에 가 본 적이 있어요.

### 문장을 만드세요.

보기 한국 드라마를 보다 (O) ➡ 한국 드라마를 본 적이 있어요.
한국 드라마를 보다 (X) ➡ 한국 드라마를 본 적이 없어요.

1. 경복궁에서 ______________________ (한복을 입다, O)
2. 한국 음식을 ______________________ (만들다, X)
3. 노래방에서 한국 노래를 ______________________ (부르다, O)
4. 식당에서 ______________________ (아르바이트를 하다, X)

## -기

가: 취미가 뭐예요?
나: 제 취미는 자전거 타기예요.

가: 바람이 많이 부네요.
나: 이런 날씨는 감기에 걸리기 쉬워요.

- 빨리 낫기를 바라요.
- 보기 좋은 떡이 먹기도 좋다.

동사, 형용사에 붙어 그 말이 명사 기능을 하도록 만든다.

받침이 있든 없든 서술어의 어간 뒤에 모두 '-기'를 사용한다.

| | | |
|---|---|---|
| 받침 O | -기 | 살기 |
| 받침 X | | 일하기 |

TIP! '-기 좋다/나쁘다, 쉽다/어렵다', '-기를 좋아하다, 바라다' 등의 표현으로 사용된다.
예 아침에 일찍 일어나기가 쉽지 않아요.

### 문장을 만드세요.

보기 이 공원 / 산책하다 / 좋다
➡ 이 공원은 산책하기 좋아요.

1. 김밥 / 만들다 / 쉽다
➡ ______________________.

2. 그 식당 / 혼자 밥 먹다 / 좋다
➡ ______________________.

3. 비 오는 날 / 운전하다 / 어렵다
➡ ______________________.

4. 월요일 아침 / 회사에 가다 / 싫다
➡ ______________________.

# 문법 연습

## 대화를 만드세요.

보기 가: 한국에서 여행해 봤어요?

나: 아니요. 한국에서 여행한 적이 없어요.

1. 가: 노래방에 가 봤어요?

   나: 아니요. ______________________.

2. 가: 한복을 입어 봤어요?

   나: 네. ______________________.

3. 가: 외국에서 살아 봤어요?

   나: 아니요. ______________________.

## 대화를 만드세요.

보기 가: 한국어를 얼마 동안 배웠어요?

나: (6개월) 한국어를 배운 지 6개월이 되었어요.

1. 가: 남자 친구와 얼마 동안 사귀었어요?

   나: (2년) ______________________.

2. 가: 새 휴대폰을 언제 샀어요?

   나: (일주일) ______________________.

3. 가: 지금 회사에서 얼마 동안 일했어요?

   나: (1년 반) ______________________.

## 대화를 잘 들으세요.

사　장: 한국에 **온 지** 얼마나 되었어요?

다카시: 한국에 **온 지** 2년이 되었습니다.

사　장: 식당 아르바이트를 **한 적이 있어요**?

다카시: 네, 고향에 있는 식당에서 1년 동안 일했습니다.

사　장: 한국에서 **일하기** 쉽지 않을 거예요. 자신 있어요?

다카시: 그럼요. 자신 있습니다.

사　장: 좋아요. 같이 일해 봅시다. 언제부터 일할 수 있어요?

다카시: 감사합니다. 다음 주부터 바로 일할 수 있습니다.

## 질문에 대답하세요.

**1.** 두 사람이 무엇을 하는 상황입니까?

**2.** 다카시 씨는 식당 아르바이트를 한 적이 있습니까?

# 대화

## 대화를 만드세요.

**안나**

한국에 오다 + -(으)ㄴ 지 + 1년 6개월

카페에서 일하다 + -(으)ㄴ 적이 없다

**사장**

카페 아르바이트를 하다 + -(으)ㄴ 적이 있다

카페에서 아르바이트하다 + -기

사장: 한국에 온 지 얼마나 되었어요?

안나: ______________________________이 되었습니다.

사장: __________________________________________?

안나: 아니요. ___________________________________.

하지만 고향에 있는 식당에서 3년 동안 일했습니다.

사장: ______________________________ 쉽지 않을 거예요.

자신 있어요?

안나: 그럼요. 자신 있습니다.

사장: 좋아요. 같이 일해 봅시다. 언제부터 일할 수 있어요?

안나: 감사합니다. 내일부터 바로 일할 수 있습니다.

## 써 보세요.

**1.** 다음 질문에 답하세요.

- 여러분은 아르바이트를 한 적이 있습니까?
- 어디에서 얼마 동안 일했습니까?
- 그 일은 어땠습니까?
- 앞으로 어디에서 무슨 일을 하고 싶습니까?
- 왜 그 일을 하고 싶습니까?

**2.** 여러분이 일하고 싶은 회사(가게, 식당)에 대해 글을 쓰세요.

**확인 점검**

| | | | |
|---|---|---|---|
| 경험의 유무와 시간의 경과를 표현할 수 있다. | ☐ | ☐ | ☐ |
| 아르바이트 경험에 대해 이야기할 수 있다. | ☐ | ☐ | ☐ |

# 3 쭉 가다가 사거리에서 길을 건너세요

| 학습 목표 | 길을 묻고 대답할 수 있다. |
| --- | --- |
| 주제 | 길 묻기 |
| 어휘와 표현 | 길 안내, 이동 표현 |
| 문법 | -다가, -기 전에, -고 나서 |

위의 그림은 어떤 상황입니까?

여러분은 길을 잃은 적이 있습니까? 그때 어떻게 했습니까?

# 어휘 · 표현

## 알아보세요.

### 길 안내

#### 건물

아파트

주택

경찰서

백화점

매표소

층

#### 도로

횡단보도

신호등

사거리

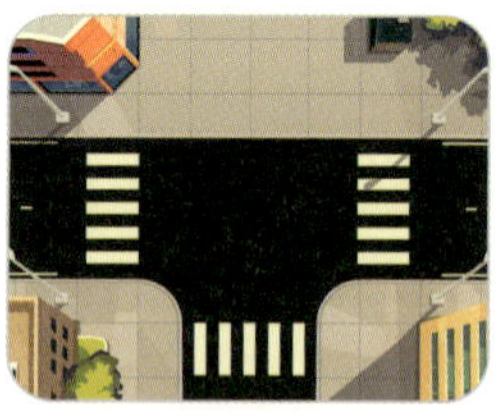
삼거리

## 이동 표현

쭉 가다, 똑바로 가다

지나다

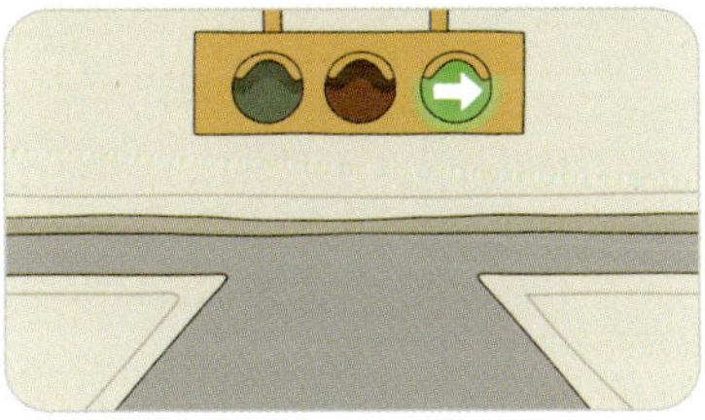

오른쪽으로 가다

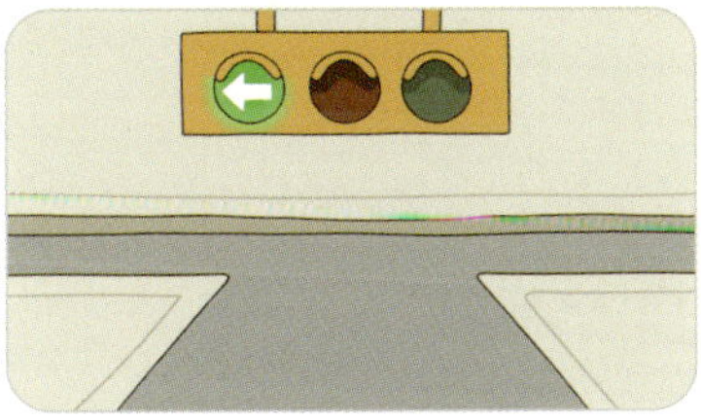

왼쪽으로 가다

길을 건너다

건너편, 맞은편

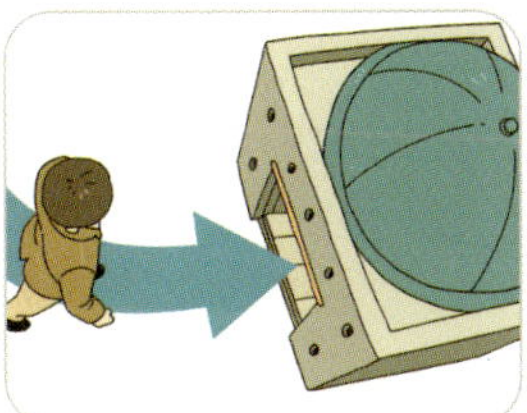

안으로 들어가다

밖으로 나가다

올라가다

내려가다

# 어휘 · 표현

## 연결하세요.

보기

1.

2.

3.

4.

매표소 주택 경찰서 횡단보도 사거리

## 단어를 쓰세요.

보기

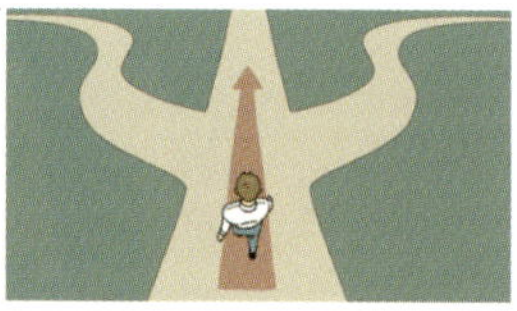

이쪽으로 쭉 가세요.

1.

은행 앞 횡단보도에서 ______________________.

2.

한 층 위로 ______________________.

3.

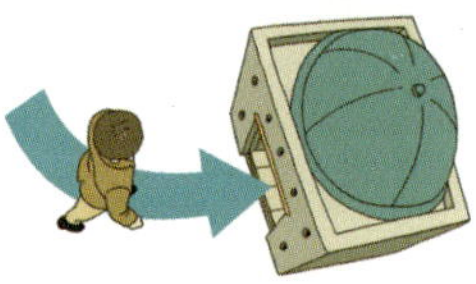

백화점 건물 안으로 ______________________.

4.

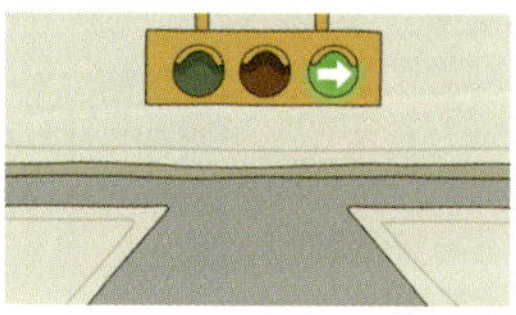

우체국 앞에서 ______________________.

## -다가

가: 왜 책상에서 자고 있어요?
나: 숙제를 **하다가** 잠들었어요.

가: 여기에서 인천공항까지 어떻게 가요?
나: 지하철 1호선을 타고 **가다가** 서울역에서 갈아타세요.

- 아이가 계속 **울다가** 방금 잠들었어요.
- 즐겁게 춤을 **추다가** 그대로 멈춰라.

동사, 형용사에 붙어 어떤 행위나 상태가 중단되고 다른 행위나 상태로 바뀜을 나타낸다.

받침이 있든 없든 서술어의 어간 뒤에 모두 '-다가'를 사용한다.

| | | |
|---|---|---|
| 받침 O | -다가 | 울다가 |
| 받침 X | | 가다가 |

TIP! 형용사와도 쓰이지만 주로 동사와 함께 사용된다.
예 기분이 좋다가 갑자기 나빠졌어요.
아침부터 비가 오다가 오후에 그쳤어요.

## 문장을 만드세요.

보기 버스를 타고 가다 → 시청에서 내리다
➡ 버스를 타고 가다가 시청에서 내리세요.

1. 저녁 식사를 준비하다 → 전화를 받다
   ➡ ______________________ 전화를 받았어요.
2. 이 길을 똑바로 가다 → 길을 건너다
   ➡ ______________________ 길을 건너세요.
3. 해외에서 살다 → 고향으로 돌아오다
   ➡ ______________________ 고향으로 돌아왔어요.
4. 편의점 아르바이트를 하다 → 그만두다
   ➡ ______________________ 그만두었어요.

# 문법 2

## -기 전에

가: **쇼핑하기 전에** 밥부터 먹을까요?
나: 네, 좋아요.

가: 시험을 **보기 전에** 무엇을 해야 해요?
나: 신분증과 검은색 펜을 미리 준비하세요.

- 수업을 **듣기 전에** 커피를 마셔요.
- 물건을 **사기 전에** 인터넷으로 가격을 비교해요.

동사에 붙어 뒤의 내용이 앞의 내용보다 시간상 먼저임을 나타낸다.

받침이 있든 없든 동사의 어간 뒤에 모두 '-기 전에'를 사용한다.

| 받침 O | -기 전에 | 듣기 전에 |
|---|---|---|
| 받침 X | | 보기 전에 |

TIP! 조사 '에'를 생략해 '-기 전'의 형태로도 사용한다.
예 쇼핑하기 전 밥부터 먹어요.

TIP! 명사의 경우 '명사+전에'의 형태로 쓴다.
예 영화 시작 전에 화장실에 다녀올게요.

## 문장을 만드세요.

보기

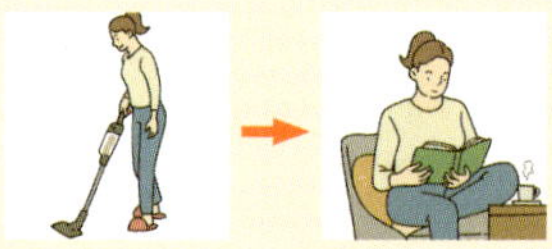

책을 ___읽기 전에___ 청소를 해요.

1. 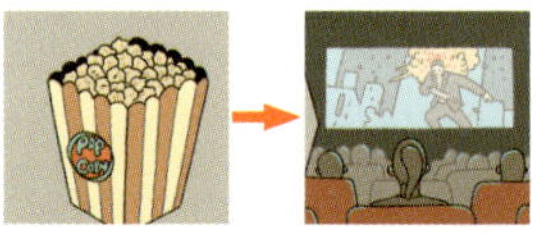

___________________ 팝콘을 사요.

2. 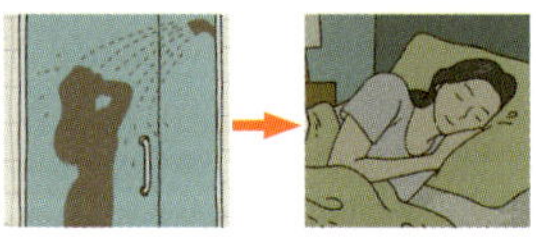

___________________ 샤워를 할 거예요.

3. 

___________________ 손을 씻으세요.

## -고 나서

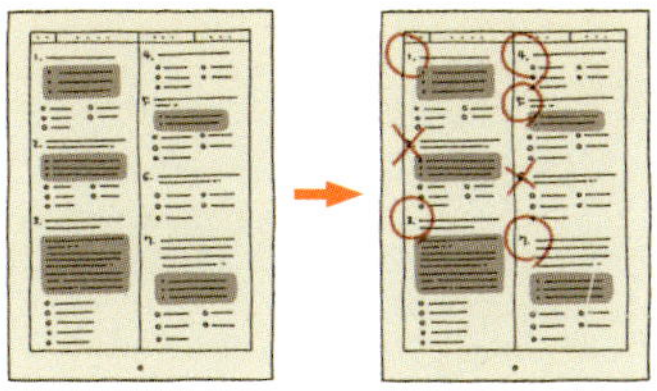

가: 문제를 풀고 나서 답을 확인할 거예요.
나: 네, 알겠습니다.

가: 지금 약을 먹어도 돼요?
나: 아니요. 밥을 먹고 나서 약을 드세요.

- 차를 타고 나서 안전벨트를 꼭 하세요.
- 영화를 보고 나서 같이 이야기했어요.

동사에 붙어 그 행위를 끝내고 뒤 절의 행위를 하거나 상황이 됨을 나타낸다.

받침이 있든 없든 동사의 어간 뒤에 모두 '-고 나서'를 사용한다.

| 받침 O | -고 나서 | 풀고 나서 |
|---|---|---|
| 받침 X | | 타고 나서 |

TIP! '-(으)ㄴ 후에, -(으)ㄴ 다음에, -(으)ㄴ 뒤에'와 의미가 비슷하다.
예 영화를 보고 나서 같이 이야기했어요.
≒ 영화를 본 후에 같이 이야기했어요.
≒ 영화를 본 다음에 같이 이야기했어요.
≒ 영화를 본 뒤에 같이 이야기했어요.

## 문장을 만드세요.

보기 건물 안으로 들어가다 → 2층으로 올라가다
➡ 건물 안으로 ___들어가고 나서___ 2층으로 올라가세요.

**1.** 버스에서 내리다 → 10분 정도 걷다
➡ ______________________ 10분 정도 걸으세요.

**2.** 디저트를 먹다 → 양치를 하다
➡ ______________________ 양치를 할 거예요.

**3.** 숙제를 다 하다 → 친구들과 놀다
➡ ______________________ 친구들과 놀았어요.

**4.** 친구들과 헤어지다 → 카페에 가다
➡ ______________________ 카페에 갔어요.

# 문법 연습

## 대화를 만드세요.

보기 가: 밥을 먹고 나서 물을 마셔요?

나: 아니요. 밥을 먹기 전에 물을 마셔요.

1. 가: 출근하고 나서 커피를 마셔요?

   나: 아니요. ______________________.

2. 가: 운동하고 나서 샤워를 해요?

   나: 아니요. ______________________.

3. 가: 친구를 만나고 나서 집 청소를 해요?

   나: 아니요. ______________________.

## 대화를 만드세요.

보기 가: 마이 씨랑 다카시 씨가 같이 오네요?

나: (여기 오다) 여기 오다가 만났어요.

1. 가: 안나 씨, 다리를 왜 다쳤어요?

   나: (자전거를 타다) ______________________ 넘어졌어요.

2. 가: 내일 날씨가 어때요?

   나: (아침에는 맑다) ______________________ 오후부터 비가 올 거예요.

3. 가: (밥을 먹다) ______________________ 어디에 다녀왔어요?

   나: 갑자기 전화가 와서 통화를 했어요.

## 대화를 잘 들으세요.

마　　이: 저기요, 죄송하지만 이 근처에 영화관이 어디에 있는지 아세요?

아주머니: 네. 저기 맞은편에 있는 큰 건물 5층이에요. 이쪽으로 쭉 **가다가** 사거리에서 길을 건너세요.

마　　이: 네, 알겠습니다. 감사합니다.

----- 잠시 후 -----

마　　이: 유진 씨, 많이 기다렸지요?

유　　진: 아니에요. 마이 씨가 **오기 전에** 제가 간식을 좀 샀어요.

마　　이: 정말요? 고마워요. 그럼 영화를 **보고 나서** 제가 맛있는 식사를 살게요.

유　　진: 네, 좋아요. 우리는 매표소를 지나서 한 층 올라가면 돼요.

마　　이: 네, 얼른 갑시다.

## 질문에 대답하세요.

**1.** 마이 씨와 유진 씨는 어디에서 만났습니까?

**2.** 영화가 끝난 후에 두 사람은 무엇을 할 것입니까?

# 대화

## 대화를 만드세요.

**다카시**

은행

통장을 만들다 + -고 나서

**아주머니**

이쪽으로 곧바로 가다 + -다가

**민수**

도착하다 + -기 전에

다 카 시: 저기요, 죄송하지만 이 근처에 ______________________?

아주머니: 네. 저기 건너편에 있는 큰 건물 1층이에요.

______________________ 횡단보도에서 길을 건너세요.

다 카 시: 네, 알겠습니다. 감사합니다.

-----------------------------------잠시 후-----------------------------------

다 카 시: 민수 씨, 많이 기다렸지요?

민　　수: 아니에요. 다카시 씨가 ______________________ 제가 번호표를 뽑았어요.

다 카 시: 정말요? 고마워요. 그럼 ______________________ 제가 맛있는 식사를 살게요.

민　　수: 네, 좋아요. 조금 있으면 다카시 씨 순서예요.

다 카 시: 네, 알았어요.

## 이야기해 보세요.

1. 여러분 집 근처의 지하철 역이나 버스 정류장에서 집까지 오는 길을 그려 보세요.

2. 여러분의 집에 친구를 초대할 거예요. 여러분의 집까지 어떻게 가요?
아래에 간단히 메모하고 친구에게 말해 보세요.

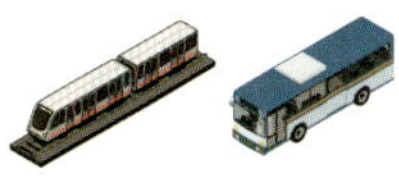

**확인 점검**

| | | | |
|---|---|---|---|
| 길을 묻고 답할 수 있다. | ☐ | ☐ | ☐ |
| 길 안내 및 이동 표현을 듣고 이해할 수 있다. | ☐ | ☐ | ☐ |

# 4 방학에 경주나 전주에 가려고 해요

| | |
|---|---|
| 학습 목표 | 방학, 휴가 계획을 이야기할 수 있다. |
| 주제 | 방학 계획 |
| 어휘와 표현 | 시험과 방학, 시간대 |
| 문법 | 마다, -거나, -(으)려고 하다 |

이 사람은 무엇을 생각하고 있습니까?

여러분은 방학이 언제입니까?
그때 무엇을 할 것입니까?

# 어휘 · 표현

## 알아보세요.

### 시험과 방학

#### 시험

시험 기간(중간고사)

시험 기간(기말고사)

시험을 보다/치다

성적이 나오다

성적을 잘 받다

#### 방학

종강하다

개강하다

계획을 세우다

## 시간대

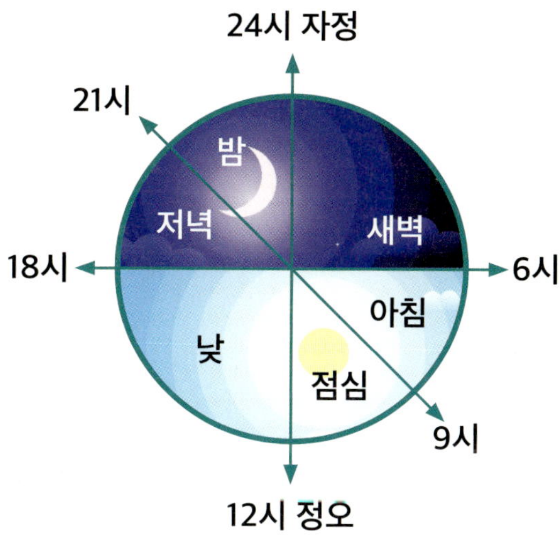

아침

점심

저녁

낮

밤

새벽

자정

정오

오전

오후

# 어휘 · 표현

## 연결하세요.

보기

1.

2.

3.

4.

| 새벽 | 오전 | 오후 | 자정 | 정오 |
|---|---|---|---|---|

## 단어를 쓰세요.

보기

이번 주는 ___시험 기간___ 이라서 학교에서 빨리 마쳐요.

1.

시험이 어땠어요? 시험을 잘 ______________________?

2.

이번 기말고사는 자신이 있어요.

성적을 ______________________.

3.

기말고사가 끝나고 지난주에 ______________________.

한 학기가 잘 끝났어요.

4.

여름 방학은 두 달이에요.

여름 방학이 끝나고 9월에 ______________________.

## 마다

가: 요즘 과제가 많아요?
나: 네, 수업마다 과제가 있어요.

가: 식당마다 사람이 많네요.
나: 다음에는 식당을 예약할게요.

- 나라마다 언어와 문화가 달라요.
- 저는 방학마다 아르바이트를 해요.

명사에 붙어 '하나하나 모두'의 뜻을 나타낸다.

명사에 받침이 있든 없든 '마다'를 사용한다.

| | | |
|---|---|---|
| 받침 O | 마다 | 수업마다 |
| 받침 X | | 나라마다 |

TIP! '그 시간에 한 번씩'의 의미도 있다.
예 저는 보통 2년마다 휴대폰을 바꾸어요.
이 약을 식후 30분마다 드세요.

## 문장을 만드세요.

보기 작년 여름 방학, 겨울 방학, 올해 여름 방학, 겨울 방학
➡ 제 친구는 ___방학마다___ 아르바이트를 해요.

**1.** 어제 아침, 오늘 아침, 내일 아침
➡ 저는 ________________ 커피를 마셔요.

**2.** 지난주 화요일, 이번 주 화요일, 다음 주 화요일
➡ ________________ 한국어 수업이 있어요.

**3.** 10시, 10시 30분, 11시, 11시 30분, 12시
➡ 부산 가는 기차가 ________________ 있어요.

**4.** 2020년, 2024년, 2028년, 2032년
➡ 올림픽은 ________________ 하는 경기예요.

# 문법 2

## -거나

가: 이번 주말에 뭐 할 거예요?
나: 책을 읽거나 청소를 할 거예요.

가: 시험이 끝나면 제일 먼저 뭘 하고 싶어요?
나: 드라마를 보거나 아침부터 밤까지 잠을 자고 싶어요.

- 맵거나 단 음식을 먹고 싶어요.
- 도서관에서 이야기하거나 음식을 먹으면 안 돼요.

동사, 형용사에 붙어 둘 중 하나를 선택할 때 사용한다.

서술어의 어간에 받침이 있든 없든 '-거나'를 사용한다.

| 받침 O | -거나 | 맵거나 |
|---|---|---|
| 받침 X | | 쉬거나 |

TIP! 명사의 경우 조사 '(이)나'를 사용한다.
예 수요일이나 금요일에 시간이 괜찮아요.
친구 생일에 편지나 카드를 쓸 거예요.

## 대화를 만드세요.

보기 가: 언제 가족이 보고 싶어요?
나: (아프다 / 일이 힘들다) 아프거나 일이 힘들 때 가족이 보고 싶어요.

**1.** 가: 학교까지 어떻게 가요?
나: (버스를 타다 / 걷다) ______________________ 가요.

**2.** 가: 오늘 저녁에 뭘 할 거예요?
나: (시험공부하다 / 운동하다) ______________________.

**3.** (눈 / 비) ______________________ 이/가 많이 내리면 운전을 못해요.

**4.** 가: 무슨 과일을 살까요?
나: (사과 / 바나나) ______________________ 을/를 사요.

## -(으)려고 하다

가: 전주에 가면 뭘 할 거예요?
나: 맛있는 음식을 많이 **먹으려고 해요**.

가: 이번 학기에는 과제를 미리미리 **하려고 해요**.
나: 좋은 생각이네요.

- 기말고사가 끝나면 오랜만에 친구들을 **만나려고 해요**.
- 20년 정도 후에는 고향에서 **살려고 해요**.

동사에 붙어 그 행위를 할 마음이 있음을 나타낸다.

받침이 있는 동사에는 '-으려고 하다', 받침이 없는 동사에는 '-려고 하다'를 사용한다.

| 받침 O | -으려고 하다 | 먹으려고 하다 |
|---|---|---|
| 받침 X | -려고 하다 | 하려고 하다 |
| ㄹ 받침 | | 살려고 하다 |

## 문장을 만드세요.

보기 내일부터 운동을 (시작하다) 시작하려고 해요.

1. 부모님과 더 (자주 통화하다) ____________________.
2. 일이 너무 힘들어서 (아르바이트를 그만두다) ____________________.
3. 방학에 아르바이트를 하고 싶어요.
   그래서 이제부터 (아르바이트를 찾다) ____________________.
4. 이번 방학에는 한국어 듣기 연습을 많이 할 거예요.
   (한국 노래를 듣다) ____________________.

# 문법 연습

## 문장을 만드세요.

보기 밤, 요가를 하다
➡ 밤마다 요가를 하려고 해요.

1. 주말, 친구를 만나다
➡ ______________________.

2. 아침, 샐러드를 먹다
➡ ______________________.

3. 저녁, 한국어 말하기 연습을 하다
➡ ______________________.





## 대화를 만드세요.

보기 가: 점심에 뭐 먹을래요?
나: (김밥/비빔밥) 김밥이나 비빔밥을 먹을래요.

1. 가: 공항까지 어떻게 가요?
나: (버스 / 지하철) ______________________을/를 타고 가요.

2. 가: 한국에 가면 어디를 여행하고 싶어요?
나: (부산 / 서울) ______________________에 가보고 싶어요.

3. 가: 쉬는 날에 보통 뭐 해요?
나: (낮잠을 자다 / 드라마를 보다) ______________________.

## 대화를 잘 들으세요.

마　이: 요즘 너무 덥네요. 다카시 씨, 방학했어요?

다카시: 기말고사는 다 끝났지만 과제가 아직 남았어요.

마　이: 아, 그래서 **카페마다** 대학생들이 많이 있었군요.

다카시: 맞아요. 요즘 카페에서 **공부하거나** 과제하는 학생들이 많아요.

마　이: 다카시 씨는 방학하면 고향에 갈 거예요?

다카시: 아니요, 이번 방학에는 경주나 전주에 **가려고 해요**. 마이 씨는요?

마　이: 우와, 부러워요. 저는 여름휴가 때 고향에 **다녀오려고 해요**.

다카시: 잘 다녀오세요.

## 질문에 대답하세요.

**1.** 두 사람은 무엇에 대해 이야기하고 있습니까?

**2.** 요즘 카페에는 어떤 사람들이 많습니까?

# 대화

## 대화를 만드세요.

유진

가는 곳 + 마다

여행을 가다 + -(으)려고 하다

다카시

시험공부를 하다 + -거나

아르바이트를 하다 + -(으)려고 하다

유 진: 요즘 너무 춥네요. 다카시 씨, 방학했어요?

다카시: 과제는 다 끝났지만 기말고사가 아직 남았어요.

유 진: 아, 그래서 ______________________ 학생들이 공부를 하고 있었군요.

다카시: 맞아요. 아직 시험 기간이라서 ______________________ 과제를 하는 학생들이 많아요.

유 진: 다카시 씨는 방학하면 고향에 갈 거예요?

다카시: 아니요. 이번 방학에는 한국에서 계속 ________________. 유진 씨는요?

유 진: 그래요? 저는 방학은 없지만 연말에 오랜만에 ______________________.

다카시: 우와, 부러워요. 잘 다녀오세요.

## 써 보세요.

**1.** 다음 방학이나 휴가의 계획을 세워 보세요.

- 다음 방학이나 휴가 때 어디에 가고 싶습니까?
- 누구와, 어디에서, 무엇을 할 겁니까?

☐ ____________________ ☐ ____________________

☐ ____________________ ☐ ____________________

**2.** 여러분의 방학이나 휴가 계획에 대한 글을 쓰세요.

### 확인 점검

| | | | |
|---|---|---|---|
| 방학이나 휴가 계획을 이야기할 수 있다. | ☐ | ☐ | ☐ |
| 시간대 표현을 알고 반복되는 일을 표현할 수 있다. | ☐ | ☐ | ☐ |

# 5 한번 입어 보는 게 어때요?

| 학습 목표 | 쇼핑에 관해 제안할 수 있다. |
| --- | --- |
| 주제 | 쇼핑 |
| 어휘와 표현 | 옷, 색깔 |
| 문법 | -(으)니까(이유), -는 게 어때요?, -(으)ㄴ/는 것 같다 |

이 사람들은 무엇을 하고 있습니까?

여러분은 어디에서 옷을 삽니까?
요즘 사고 싶은 옷이 있습니까?

# 어휘 · 표현

## 알아보세요.

### 옷

#### 상의

티셔츠

셔츠

긴팔

반팔

#### 하의

바지

치마

청바지

긴바지

반바지

#### 한 벌

원피스

정장

## 신발

구두

운동화

샌들

양말

## 외투

코트

재킷

점퍼

# 어휘 · 표현

## 색깔

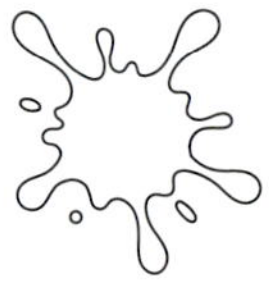

흰색

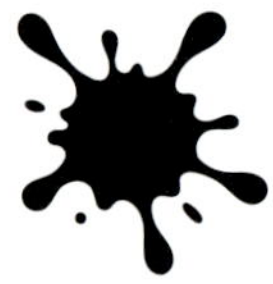

검은색

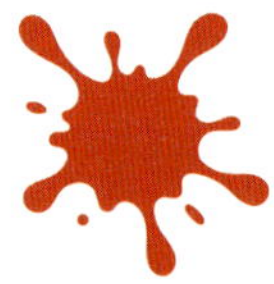

빨간색

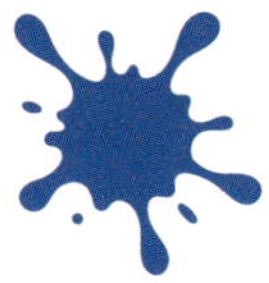

파란색

노란색

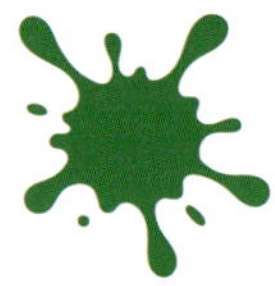

초록색

하늘색

분홍색

주황색

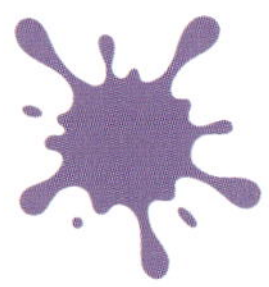

보라색

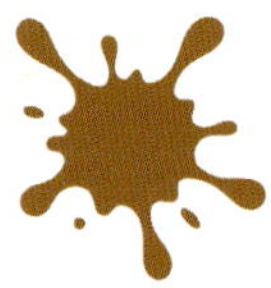

갈색

회색

## 연결하세요.

보기 
1. 
2. 
3. 
4. 

치마 양말 티셔츠 원피스 청바지

## 단어를 쓰세요.

보기  ______검은색 바지______를 사고 싶어요.

1.  일할 때 ____________________을/를 입어요.

2.  여행을 가서 ____________________을/를 입었어요.

3.  겨울에 ____________________을/를 자주 입어요.

4.  ____________________을/를 사러 갈 거예요.

# 문법 1

## -(으)니까(이유)

가: 둘 중에 어떤 신발을 살까요?
나: 요즘 계속 비가 **오니까** 샌들이 어때요?

가: 날씨가 많이 **추우니까** 감기 조심하세요.
나: 네, 민수 씨도요.

- 저는 옷이 **많으니까** 이제 옷을 안 살 거예요.
- 집에서 학교가 **머니까** 아침 일찍 일어나야 해요.

동사, 형용사에 붙어 앞의 내용이 뒤의 내용의 이유나 원인임을 나타낸다.

받침이 있는 서술어에는 '-으니까', 받침이 없거나 받침이 ㄹ인 서술어에는 '-니까'를 사용한다.

| 받침 O | -으니까 | 많으니까 |
|---|---|---|
| 받침 X | -니까 | 오니까 |
| ㄹ 받침 | | 머니까 |

명사의 경우 받침이 있는 명사는 '이니까', 받침이 없는 명사는 '니까'를 사용한다.

| 받침 O | 이니까 | 주말이니까 |
|---|---|---|
| 받침 X | 니까 | 바지니까 |

예 주말이니까 백화점에 사람이 많아요.
제가 좋아하는 바지니까 자주 입어요.

TIP! '-(으)니'로 줄여서 쓸 수 있다.
예 요즘 계속 비가 오니 샌들을 자주 신어요.
날씨가 많이 추우니 감기 조심하세요.

TIP! 이유의 '-아/어서'와 비슷하지만, 명령문, 청유문과 함께 쓸 수 있으며 과거의 '-았/었-'과 결합한다.
1) 겨울 옷이 없으니까/없어서 옷을 사러 갈 거예요. (O)
2) 민수 씨는 감기에 걸렸으니까 따뜻한 걸로 드세요. (O)
민수 씨는 감기에 걸려서 따뜻한 걸로 드세요. (X)
3) 시간이 없으니까 빨리 준비합시다. (O)
시간이 없어서 빨리 준비합시다. (X)
4) 어제 공부를 안 했으니까 오늘은 열심히 공부해야 해요. (O)
어제 공부를 안 했어서 오늘은 열심히 공부해야 해요. (X)

## 문장을 만드세요.

보기 비가 와요. 그러니까 창문을 닫으세요.

➡ 비가 오니까 ________ 창문을 닫으세요.

1. 이 노래를 들어요. 그러니까 옛날 생각이 나요.

   ➡ ________________ 옛날 생각이 나요.

2. 저는 하늘색을 좋아해요. 그러니까 하늘색 옷을 자주 사요.

   ➡ 저는 ________________ 하늘색 옷을 자주 사요.

3. 이 신발은 불편해요. 그러니까 다른 신발을 신어 볼게요.

   ➡ ________________ 다른 신발을 신어 볼게요.

4. 다음 주가 시험이에요. 그러니까 공부를 해야 해요.

   ➡ ________________ 공부를 해야 해요.

# 문법 2

## -는 게 어때요?

가: 이번 주말에 어디에 갈까요?
나: 음, 오랜만에 영화를 보러 **가는 게 어때요?**

가: 점심에 뭘 먹을까요?
나: 베트남 요리를 **먹는 게 어때요?**

- 차가 막히니까 지하철을 **타는 게 어때요?**
- 방 안이 더우니까 문을 좀 **여는 게 어때요?**

동사에 붙어 그 행위를 제안할 때 사용된다.

동사의 받침 유무에 관계없이 '-는 게 어때요?'를 사용하지만, ㄹ 받침의 경우 어간의 'ㄹ'이 탈락한다.

| 받침 O | -는 게 어때요? | 먹는 게 어때요? |
|---|---|---|
| 받침 X | | 타는 게 어때요? |
| ㄹ 받침 | | 여는 게 어때요? |

TIP! 명사의 경우 명사 뒤에 바로 '이/가 어때요?'를 사용한다.
예 이 분홍색 원피스가 어때요?

## 대화를 만드세요.

보기 가: 올해 여름휴가 때 (여행을 가다) 여행을 가는 게 어때요?
나: 좋은 생각이에요.

**1.** 가: 요즘 일이 많아서 피곤해요.
나: 그러면 오늘은 (일찍 자다) ______________________?

**2.** 가: 이 옷이 저한테 클까요?
나: 글쎄요. 한번 (입어 보다) ______________________?

**3.** 가: 비가 오니까 (택시를 타다) ______________________?
나: 네, 좋아요.

**4.** 가: 오늘 평소보다 피곤하네요.
나: 그래요? 그럼 (커피를 마시다) ______________________?

## -(으)ㄴ/는 것 같다

가: 민정 씨, 오늘 기분이 좋은 것 같아요.
무슨 좋은 일 있어요?
나: 네. 오늘 저녁에 오랜만에 남자친구를 만나요.

가: 아기가 방에서 자는 것 같아요.
나: 그래요? 제가 방에 가 볼게요.

- 지금 집에 아무도 없는 것 같아요.
- 아내가 피곤한 것 같아요.

동사, 형용사에 붙어 추측을 나타낸다.

동사, '있다/없다' 뒤에는 '-는 것 같다', 형용사의 경우 받침이 있으면 '-은 것 같다', 받침이 없으면 '-ㄴ 것 같다'를 사용한다.

| 동사, 있다/없다 | | -는 것 같다 | 자는 것 같다 |
|---|---|---|---|
| 형용사 | 받침 O | -은 것 같다 | 좋은 것 같다 |
| | 받침 X | -ㄴ 것 같다 | 아픈 것 같다 |

### 문장을 만드세요.

보기 빗소리가 커요. 아마 (비가 많이 오다) 비가 많이 오는 것 같아요.

1. 다카시 씨가 전화를 안 받아요. 아마 지금 (씻고 있다) ______________.
2. 평일 오전인데 학생들이 집에 가요. 아마 이번 주가 (시험 기간이다)
______________.
3. 친구가 표정이 좋지 않아요. 아마 (많이 아프다) ______________.
4. 내일부터 설 연휴예요. 올해도 많은 사람들이 (고향에 가다)
______________.

# 문법 연습

## 대화를 만드세요.

보기 가: 마이 씨가 웃고 있어요.
나: 아마 (기분이 좋다) 기분이 좋은 것 같아요.

1. 가: 사람들이 줄을 서 있어요.
   나: 아마 (유명한 가게이다) ______________________.

2. 가: 밖이 시끄러워요.
   나: 아마 (공사를 하다) ______________________.

3. 가: 이 음식은 많이 달아요.
   나: 아마 (설탕을 많이 넣다) ______________________.

## 대화를 만드세요.

보기 가: 너무 피곤해요.
나: 조금 쉬는 게 어때요?

1. 가: 머리가 아파요.
   나: ______________________.

2. 가: 날씨가 너무 더워요.
   나: ______________________.

3. 가: 다리가 아파서 걸어가기 힘들어요.
   나: ______________________.

## 대화를 잘 들으세요.

민수: 오늘 무슨 옷을 살 거예요?

마이: 다음 주에 친구 결혼식이 있어요. 그래서 원피스를 좀 사려고 해요.

민수: 결혼식이니까 흰색 옷은 입지 않는 것이 좋아요.

마이: 아, 그래요? 몰랐어요. 그럼 이 파란색 원피스는 괜찮아요?

민수: 예쁘네요. 한번 입어 보는 게 어때요?

마이: 네, 한번 입어 볼게요.

민수: 역시 잘 어울리네요. 그런데 마이 씨한테 조금 큰 것 같아요.

마이: 네, 그럼 한 사이즈 작은 것도 입어 볼게요.

## 질문에 대답하세요.

**1.** 마이 씨는 왜 옷을 사려고 합니까?

**2.** 마이 씨는 무슨 옷을 입어 봤습니까?

# 대화

## 대화를 만드세요.

**다카시** 정장을 사다 + -(으)려고 하다

**민수**

회사 면접 + (이)니까

한번 입어 보다 + -는 게 어때요?

조금 작다 + -(으)ㄴ/는 것 같다

민 수: 오늘 무슨 옷을 살 거예요?

다카시: 다음 주에 회사 면접이 있어요.

그래서 ______________________________.

민 수: ______________________________ 검은색이나 회색 정장이 좋을 것 같아요.

다카시: 역시 그렇지요? 이 검은색 정장은 어때요?

민 수: 괜찮네요. ______________________________?

다카시: 네, 한번 입어 볼게요.

민 수: 역시 잘 어울리네요.

그런데 다카시 씨한테 ______________________________.

다카시: 네, 그럼 한 사이즈 큰 것도 입어 볼게요.

## 이야기해 보세요.

1. 다음 질문에 답하세요.
    - 여러분은 보통 어떤 옷을 입습니까?
    - 특별한 날에는 어떤 옷을 입습니까?
    - 보통 누구와 함께 쇼핑을 합니까?

2. 친구와 함께 쇼핑을 합니다. 아래의 상황에 어떤 옷이 어울립니까? 친구에게 옷을 추천하세요.

**1) 바닷가로 여행을 갈 때**

**2) 회사에 출근할 때**

**확인 점검**

| | | | |
|---|---|---|---|
| 쇼핑에 관해 제안할 수 있다. | ☐ | ☐ | ☐ |
| 이유를 말하고 추측하는 대화를 할 수 있다. | ☐ | ☐ | ☐ |

# 6 요즘 회사를 옮길까 해요

| | |
|---|---|
| 학습 목표 | 안부를 묻고 답할 수 있다. |
| 주제 | 안부 |
| 어휘와 표현 | 안부 인사, 근황 |
| 문법 | -(으)ㄴ/는데(배경), -(으)ㄹ까 하다, -(으)면서 |

위의 그림은 어떤 상황입니까?

여러분은 요즘 어떻습니까?
무슨 일이 있습니까?

# 어휘 · 표현

## 알아보세요.

### 안부 인사

오랜만이다

그동안

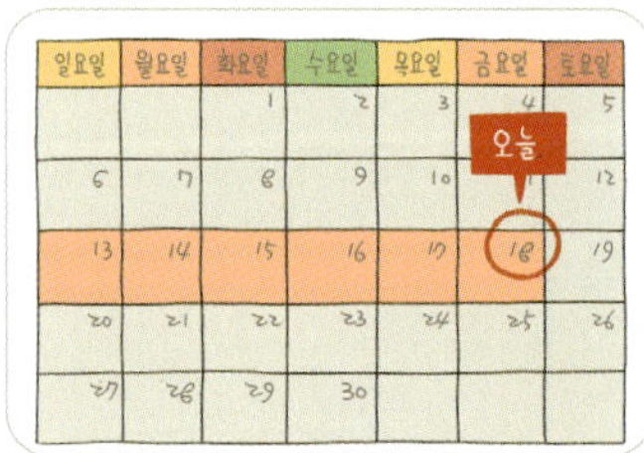


요즘

어떻게 지내다

잘 지내다

별일 없다

그냥 그렇다

얼굴이 좋아 보이다

얼굴이 안 좋아 보이다

바쁘다

한가하다

## 근황

친구를 사귀다

일자리를 알아보다

회사에 들어가다

회사를 그만두다

회사를 옮기다

일을 잠시 쉬다

# 어휘 · 표현

## 연결하세요.

| | | | |
|---|---|---|---|
| 보기 | 오랜만이다 | — | 시간이 오래 되었다 |
| 1. | 별일 | | 힘든 일이 있는 것 같아요 |
| 2. | 한가하다 | | 좋은 일이 있는 것 같아요 |
| 3. | 그냥 그렇다 | | 좋지도 않고 나쁘지도 않아요 |
| 4. | 얼굴이 좋아 보이다 | | 바쁘지 않고 여유가 있어요 |
| 5. | 얼굴이 안 좋아 보이다 | | 특별한 일 |

## 단어를 쓰세요.

보기

대학교를 졸업하면 바로 일하고 싶어요.

좋은 회사에 들어가고 싶어요.

1.

한국어 수업에서 새로운 ______________.

여러 나라의 친구가 생겼어요.

2.

아르바이트를 하고 싶어요.

그래서 요즘 ______________.

3.

회사 일이 너무 힘들어서 ______________.

다른 회사에서 일하고 싶어요.

4.

지난달에 회사를 그만두었어요. 아직 새로운 일은 하고 있지 않아요.

______________.

## -(으)ㄴ/는데(배경)

가: 내일 월급을 받는데 맛있는 것을 먹을까요?
나: 좋아요. 제가 맛집을 찾아볼게요.

가: 모레 어디에서 만날까요?
나: 시청역 2번 출구에 쇼핑몰이 있는데 그 앞에서 만나요.

- 날씨가 좋은데 같이 산책할래요?
- 배가 고픈데 뭐 먹을 거 없어요?

동사, 형용사에 붙어 배경이나 상황을 설명한다.

동사의 받침 유무에 관계없이 '-는데'를 쓴다. 형용사의 경우 받침이 있으면 '-은데', 받침이 없으면 '-ㄴ데'를 사용한다.

| 동사, 있다/없다 | | -는데 | 받는데 |
|---|---|---|---|
| 형용사 | 받침 O | -은데 | 좋은데 |
| | 받침 X | -ㄴ데 | 배고픈데 |

명사의 경우 받침 유무에 관계없이 '인데'를 사용하나 받침이 없으면 'ㄴ데'도 쓸 수 있다.

| 명사 | 받침 O | 인데 | 방학인데 |
|---|---|---|---|
| | 받침 X | 인데/ㄴ데 | 다음 주인데/준데 |

예 여름 방학인데 어디 놀러 안 가요?

## 문장을 만드세요.

보기 요즘 요리를 배워요 + 어렵지만 재미있어요

➡ 요즘 요리를 배우는데 어렵지만 재미있어요.

**1.** 경복궁에 갔어요 + 외국인 관광객이 정말 많았어요

➡ ______________________ 외국인 관광객이 정말 많았어요.

**2.** 편의점에 갈 거예요 + 뭐 필요한 거 없어요?

➡ ______________________ 뭐 필요한 거 없어요?

**3.** 다리가 아파요 + 카페에서 조금 쉬다가 갈까요?

➡ ______________________ 카페에서 조금 쉬다가 갈까요?

**4.** 여기는 제가 자주 가는 식당이에요 + 김밥이 맛있어요

➡ ______________________ 김밥이 맛있어요.

# 문법 2

## -(으)ㄹ까 하다

가: 내일 모임 때 무슨 옷을 입을 거예요?
나: 음, 파란색 원피스를 **입을까 해요**.

가: 주말에 뭐 할 거예요?
나: 아이들과 오랜만에 놀이공원에 **갈까 해요**.

- 다음 주에 미용실에 가서 머리를 **자를까 해요**.
- 고양이 이름을 '나비'로 **지을까 해요**.

동사에 붙어 그 행위를 할 생각이 있음을 나타낸다.

받침이 있는 동사에는 '-을까 하다', 받침이 없는 동사에는 '-ㄹ까 하다'를 사용한다.

| 받침 O | -을까 하다 | 입을까 하다 |
|---|---|---|
| 받침 X | -ㄹ까 하다 | 그만둘까 하다 |
| ㄹ 받침 | | 살까 하다 |

TIP! '-(으)ㄹ까 싶다', '-(으)ㄹ까 보다'로 바꾸어 쓸 수 있다.
예 다음 모임 때 파란색 원피스를 입을까 해요.
≒ 파란색 원피스를 입을까 싶어요. ≒ 파란색 원피스를 입을까 봐요.

## 대화를 만드세요.

보기 가: 졸업하면 회사에 들어갈 거예요?
나: 아니요, 한국에서 (유학을 하다) 유학을 할까 해요.

1. 가: 저는 이번 주 일요일에 (등산하다) ____________. 마이 씨도 같이 갈래요?
   나: 미안해요. 저는 그날 다른 일이 있어요.
2. 가: 제주도에 가서 뭘 할 거예요?
   나: 먼저 바다에서 (수영하다) ____________.
3. 가: 여자 친구 생일에 뭘 선물할 거예요?
   나: 여자 친구가 꽃을 좋아해요. 그래서 (꽃을 선물하다) ____________.
4. 가: 오늘 저녁에 뭐 먹을 거예요?
   나: 글쎄요. 그냥 집에서 (라면을 먹다) ____________.

## -(으)면서

가: 오늘 저녁에 축구 경기가 있지요?
나: 네, 저는 치킨을 **먹으면서** 경기를 볼 거예요.

가: 얼굴이 안 좋아 보여요. 괜찮아요?
나: 아까 **자면서** 무서운 꿈을 꿨어요.

- 이 음료는 **맛있으면서** 칼로리도 낮아요.
- 동생이 저에게 **울면서** 전화를 했어요.

동사, 형용사에 붙어 두 가지 행동을 동시에 하거나 두 가지 상황이 동시에 일어남을 나타낸다.

받침이 있는 서술어 어간에는 '-으면서', 받침이 없는 서술어 어간에는 '-면서'를 사용한다.

| | | |
|---|---|---|
| 받침 O | -으면서 | 먹으면서 |
| 받침 X | -면서 | 자면서 |
| ㄹ 받침 | | 울면서 |

## 문장을 만드세요.

보기 저는 요즘 회사를 다녀요. 그리고 한국어를 공부하고 있어요.
➡ 저는 요즘 ___회사를 다니면서___ 한국어를 공부하고 있어요.

1. 여기 마트는 물건의 종류가 다양해요. 그리고 값도 싸요.
   ➡ 여기 마트는 물건의 ________________ 값도 싸요.
2. 한국의 여름은 날씨가 더워요. 그리고 습해요.
   ➡ 한국의 여름은 ________________ 습해요.
3. 지금 일을 잠시 쉬어요. 그리고 병원에 다니고 있어요.
   ➡ 지금 ________________ 병원에 다니고 있어요.
4. 카페에서 책을 읽어요. 그리고 친구를 기다렸어요.
   ➡ 카페에서 ________________ 친구를 기다렸어요.

# 문법 연습

## 대화를 만드세요.

보기 가: 역 앞에 새로운 (마트가 생겼다) ___마트가 생겼는데___ 같이 가 볼래요?

나: 그래요? 같이 가요.

1. 가: 같이 영화 보러 갈래요?

   나: 저는 영화를 별로 (안 좋아하다) ______________ 서점에 가는 게 어때요?

2. 가: 오늘 저녁에 뭐 먹을까요?

   나: (집에 재료가 없다) ______________ 밖에서 먹는 게 어때요?

3. 가: 마이 씨, 이 옷 어때요?

   나: (가격도 싸다) ______________ 디자인도 예쁘네요.

## 문장을 만드세요.

보기 영화를 보다, 점심을 먹다

➡ ___영화를 보면서 점심을 먹을까 해요___.

1. 친구를 기다리다, 단어를 외우다

   ➡ ______________.

2. 친구와 전화하다, 음식을 만들다

   ➡ ______________.

3. 음악을 듣다, 산책을 하다

   ➡ ______________.

## 대화를 잘 들으세요.

민수: 유진 씨, 오랜만이에요. 그동안 잘 지냈어요?

유진: 네, 잘 지냈어요. 요즘 날이 많이 **더운데** 민수 씨는 별일 없이 잘 지내고 있어요?

민수: 음… 저는 요즘 회사를 **옮길까 해요**.

유진: 왜요? 회사에서 무슨 일이 있어요?

민수: 무슨 일이 있는 건 **아닌데** 새로운 일을 해 보고 싶어서요.

유진: 그래요? 어디로 옮길 거예요?

민수: 글쎄요. 일을 잠시 **쉬면서** 찾아보려고 해요.

유진: 그렇군요. 민수 씨는 다 잘할 거예요.

민수: 고마워요.

## 질문에 대답하세요.

**1.** 민수 씨는 요즘 무엇을 고민하고 있습니까?

**2.** 민수 씨는 앞으로 어떻게 하려고 합니까?

# 대화

## 대화를 만드세요.

**유진** 비가 많이 오다 + -(으)ㄴ/는데

**다카시** 조금 있으면 졸업이다 + -(으)ㄴ/는데
더 열심히 하다 + -(으)ㄹ까 하다
인터넷 강의를 듣다 + -(으)면서

다카시: 유진 씨, 오랜만이에요. 그동안 잘 지냈어요?

유 진: 네, 잘 지냈어요. 요즘 ______________________ 다카시 씨는 별일 없이 잘 지내고 있어요?

다카시: 네. 저는 얼마 전에 아르바이트를 그만뒀어요.

유 진: 왜요? 식당에서 무슨 일이 있었어요?

다카시: 아니요. ______________________________ 취업 준비를 ______________________________.

유 진: 그래요? 취업 준비는 어렵지 않아요?

다카시: 아직은 괜찮아요. ______________________________ 공부를 하고 있어요.

유 진: 그렇군요. 다카시 씨는 잘할 수 있을 거예요.

다카시: 고마워요.

## 써 보세요.

**1.** 다음 질문에 답하세요.

- 여러분은 지금 보고 싶은 사람이 있습니까?
- 그 사람을 언제 마지막으로 만났습니까?
- 그 사람은 요즘 어떻게 지냅니까?
- 여러분은 요즘 어떻게 지냅니까?

**2.** 보고 싶은 사람에게 안부 편지를 쓰세요.

### 확인 점검

| | | | |
|---|---|---|---|
| 안부를 묻고 답할 수 있다. | ☐ | ☐ | ☐ |
| 자신의 근황과 계획을 표현할 수 있다. | ☐ | ☐ | ☐ |

# 7 준비한 야채를 넣고 같이 볶아요

| 학습 목표 | 요리 방법을 설명할 수 있다. |
| --- | --- |
| 주제 | 요리 |
| 어휘와 표현 | 식재료, 조리 방법 |
| 문법 | -(으)ㄴ, -(으)ㄹ, -게 |

이 음식의 이름이 무엇입니까? 이 음식은 무엇으로 만듭니까?

여러분은 요리를 좋아합니까?
무슨 요리를 자주 만듭니까? 그 음식은 어떻게 만듭니까?

# 어휘 · 표현

## 알아보세요.

### 식재료

**고기**

닭고기

돼지고기

소고기

**야채, 채소**

감자

당근

고추

파

양파

마늘

**양념**

소금

설탕

후추

고춧가루

고추장

된장

간장

## 조리 방법

씻다

썰다

다지다

끓이다

삶다

찌다

굽다

볶다

튀기다

# 어휘 · 표현

## 연결하세요.

보기 

1. 

2. 

3. 

4. 

닭고기 | 양파 | 고춧가루 | 감자 | 돼지고기

## 단어를 쓰세요.

보기 
양념을 준비해요. 마늘을 다져요.

1. 
비빔밥을 만들어요.
먼저 야채를 ________________.

2. 
그다음에 칼로 야채를 ________________.

3. 
차를 마시고 싶어요. 그래서 ________________.

4. 
우리 가족은 치킨을 좋아해요.
그래서 자주 집에서 기름에 ________________.

## -(으)ㄴ

가: 이 사진을 어디에서 찍었어요?
나: 아, 이건 서울에서 찍은 사진이에요.

가: 이 사진에 있는 사람들은 누구예요?
나: 한국어를 같이 공부한 친구들이에요.

- 저는 베트남에서 온 마이입니다.
- 이거 제가 만든 떡볶이예요. 먹어 볼래요?

동사에 붙어 뒤에 오는 명사를 꾸며 주며, 그 일이 과거에 일어났음을 나타낸다.

동사에 받침이 있으면 '-은', 받침이 없으면 '-ㄴ'을 사용한다.

| | | |
|---|---|---|
| 받침 O | -은 | 찍은 |
| 받침 X | -ㄴ | 온 |
| ㄹ 받침 | | 만든 |

TIP! 과거의 동작이 완료되어 지금까지 유지됨을 나타내기도 한다.
예 저기 분홍색 옷을 입은 사람이 제 친구예요.
수업 시간에 옆에 앉은 친구와 친해졌어요.

## 문장을 만드세요.

보기 옷을 새로 샀어요. 오늘 그 옷을 입었어요.
➡ 오늘 ___새로 산 옷을___ 입었어요.

1. 지난주에 영화를 봤어요. 그 영화가 재미있었어요.
   ➡ ______________________ 재미있었어요.
2. 야채를 씻었어요. 그 야채를 칼로 써세요.
   ➡ ______________________ 칼로 써세요.
3. 며칠 전에 카페에서 노래를 들었어요. 그 노래가 계속 생각나요.
   ➡ ______________________ 계속 생각나요.
4. 집에서 음식을 만들었어요. 그 음식을 가져왔어요.
   ➡ ______________________ 가져왔어요.

# 문법 2

## -(으)ㄹ

가: 무슨 책이에요?
나: 아이들이 읽을 책을 좀 샀어요.

가: 휴가 때 갈 곳을 생각해 봤어요?
나: 네. 올해는 바다 말고 산으로 갈까 해요.

- 이 옷은 봄에 입으면 더 예쁠 옷이에요.
- 주말에 놀 생각을 하니까 행복해요.

동사, 형용사에 붙어 뒤에 오는 명사를 꾸며 주며, 그 행동이나 상황이 미래에 일어남을 나타낸다.

받침이 있는 동사, 형용사에는 '-을', 받침이 없는 동사, 형용사에는 '-ㄹ'을 사용한다.

| | | |
|---|---|---|
| 받침 O | -을 | 읽을 |
| 받침 X | -ㄹ | 예쁠 |
| ㄹ 받침 | | 놀 |

## 문장을 만드세요.

보기 친구가 선물을 좋아할 거예요. 그 선물을 준비했어요.
➡ 친구가 ___좋아할 선물을___ 준비했어요.

**1.** 내일 아침에 빵을 먹을 거예요. 그 빵을 사러 가요.
➡ ________________ 사러 가요.

**2.** 저녁에 음식을 만들 거예요. 그 음식의 재료는 돼지고기와 김치예요.
➡ ________________ 재료는 돼지고기와 김치예요.

**3.** 오랜만에 가족들을 만날 거예요. 그 생각을 하니까 잠이 안 와요.
➡ ________________ 하니까 잠이 안 와요.

**4.** 운동할 때 신발을 신을 거예요. 그 신발을 샀어요.
➡ ________________ 샀어요.

## -게

가: 냉면은 어떤 음식이에요?
나: 면을 **차갑게** 먹는 음식이에요.

가: 제가 제육볶음을 **맛있게** 만들었어요.
나: 저도 먹어 볼래요.

- 집 앞에 꽃이 **예쁘게** 피었어요.
- 요즘 **바쁘게** 지내고 있어요.

형용사에 붙어 그 상태의 정도를 나타낸다.

형용사의 받침 유무에 관계없이 '-게'를 사용한다.

| 받침 | 어미 | 예 |
|---|---|---|
| 받침 O | -게 | 맛있게 |
| 받침 X | | 예쁘게 |

TIP! '동사 + -게'는 어떤 일의 목적을 나타낸다.
예 해외여행을 가게 돈을 모으고 있어요.

### 문장을 만드세요.

보기

날씨가 많이 추워요. 옷을 __따뜻하게__ 입으세요.

1. 

미용실에 가서 머리를 ______________ 잘랐어요.

2. 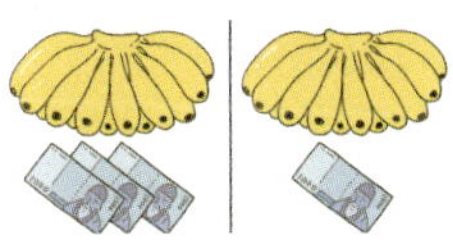

동네 과일 가게에서 과일을 ______________ 샀어요.

3. 

주말 동안 방을 ______________ 청소했어요.

4. 

어젯밤에 ______________ 자서 피곤해요.

# 문법 연습

## 대화를 만드세요.

보기 가: 오늘 날씨가 어때요?

나: 바람이 (시원하다) ____시원하게____ 불어요.

1. 가: 글씨를 (예쁘다) ____________ 쓰네요!

   나: 정말요? 열심히 연습했어요.

2. 가: 미용실에 다녀왔어요?

   나: 맞아요. 머리 색을 (밝다) ____________ 바꾸었어요.

3. 가: 주말에 뭐 했어요?

   나: 친구들이랑 (재미있다) ____________ 놀았어요.



## 문장을 만드세요.

보기 어제 (먹다) ____먹은____ 음식은 삼겹살이에요.

내일 (먹다) ____먹을____ 음식은 냉면이에요.

1. 지난주에 (보다) ____________ 영화가 재미있었어요.

   다음 주에 (보다) ____________ 영화는 액션 영화예요.

2. 지난 주말에 (만나다) ____________ 친구는 한국 사람이에요.

   다음 주말에 (만나다) ____________ 친구는 프랑스 사람이에요.

3. 지난번에 (만들다) ____________ 케이크는 초코케이크예요.

   다음에 (만들다) ____________ 케이크는 치즈케이크예요.

## 대화를 잘 들으세요.

유　진: 자, 그럼 저녁에 **먹을** 제육볶음을 함께 만들어 볼까요?

다카시: 네, 좋아요. 재료는 돼지고기 500g, 양파 하나, 당근 하나, 대파 하나를 준비했어요. 양념은 어떻게 해요?

유　진: 양념은 고추장 두 숟가락과 간장, 설탕, **다진** 마늘, 참기름을 한 숟가락씩 넣고 섞으면 돼요.

다카시: 다 만들었어요. 그럼 바로 요리를 시작하면 돼요?

유　진: 아니요. 우선 우리가 **만든** 양념에 고기를 넣고 30분 기다려야 해요.

다카시: 그렇군요. 그다음에 어떻게 해요?

유　진: 프라이팬에 기름을 넣고 고기를 볶은 후에, **준비한** 야채를 넣고 같이 볶아요. 만약 더 **맵게** 만들고 싶으면 매운 고춧가루를 더 넣으면 돼요.

## 질문에 대답하세요.

**1.** 두 사람은 무엇을 만들고 있습니까?

**2.** 양념을 만들고 나서 무엇을 해야 합니까?

# 대화

## 대화를 만드세요.

민수

점심에 먹다 + -(으)ㄹ

작다 + -게, 썰다 + -(으)ㄴ

맛있다 + -게

민수: 자, 그럼 ______________________ 김치전을 함께 만들어 볼까요?

마이: 네, 좋아요. 재료는 밀가루, 김치, 물, 식용유를 준비했어요. 반죽은 어떻게 해요?

민수: 반죽은 밀가루에 물, ______________________ 김치를 넣고 잘 섞으면 돼요.

마이: 다 만들었어요. 이제 바로 구우면 돼요?

민수: 네. 프라이팬에 기름을 두르고 반죽을 잘 구우면 돼요. 그리고 ______________________ 드세요.

## 써 보세요.

**1.** 다음 질문에 답하세요.

- 여러분은 무슨 음식을 가장 좋아합니까?
- 그 음식을 직접 만들 수 있습니까?
- 여러분은 어떤 음식을 잘 만듭니까?

**2.** 여러분이 가장 자신 있는 요리의 요리 방법을 쓰세요.

### 요리 방법

요리 이름:

| 소요 시간: | 난이도: ☆☆☆☆☆ |
|---|---|

재료:

요리 방법

1. ____________________
2. ____________________
3. ____________________
4. ____________________
5. ____________________

**확인 점검**

| | | | |
|---|---|---|---|
| 음식의 재료와 조리 방법을 이해할 수 있다. | ☐ | ☐ | ☐ |
| 요리 방법을 설명할 수 있다. | ☐ | ☐ | ☐ |

# 8 문화와 복습 1

**학습 목표** 한국의 가정의 달에 대해 이해할 수 있다.

여러분 나라에는 어떤 기념일이 있습니까?

한국에서 경험한 기념일에 대해 이야기해 봅시다.

# 문화

## 읽어 보세요.

### 한국의 가정의 달, 5월

한국에서는 5월을 '가정의 달'로 부르며, 가족과 스승에 대한 감사와 사랑을 표현하는 특별한 기념일들이 있습니다. 대표적으로 어린이날, 어버이날, 스승의 날이 있습니다.

먼저, 어린이날은 매년 5월 5일이며 어린이의 건강한 성장을 기원하고 사랑과 관심을 표현하는 날입니다. 이날은 여러 학교와 박물관, 미술관, 놀이공원 등에서 어린이들을 위한 다양한 행사가 열립니다. 그래서 아이들은 이날을 손꼽아 기다리며 부모와 함께 특별한 시간을 보냅니다. 다음으로 어버이날은 부모님께 감사의 마음을 전하는 날로, 여기서 '어버이'는 어머니와 아버지를 높여 부르는 말입니다.

어버이날은 매년 5월 8일이며 자녀들이 부모님께 카네이션을 달아드리고 선물과 함께 감사와 존경의 마음을 표현합니다. 이날은 가족들이 모여 함께 식사를 하거나 여행을 가기도 합니다. 마지막으로 스승의 날은 매년 5월 15일이며 여기서 '스승'은 '자기를 가르쳐서 인도하는 사람'을 뜻하는 고유어입니다. 따라서 이날은 선생님과 같이 가르침을 준 감사한 분들께 존경을 표현하고 은혜에 감사하는 날입니다. 이날 학생들은 감사의 마음을 담아 편지를 전하거나 특별한 행사를 열기도 합니다.

이처럼 한국의 5월은 부모와 스승에게 감사와 존경을 표현하며 어린이에게는 사랑을 나누는 뜻깊은 달입니다. 여러 기념일에 가족 간의 유대를 강화하고 서로의 소중함을 되새기는 뜻깊은 시간을 가질 수 있으며 존중과 배려의 문화를 배울 수 있는 기회가 되기도 합니다.



## 질문에 대답하세요.

1. 이 글에서 소개한 한국의 기념일에는 무엇이 있습니까?

2. 이 글에서 소개한 '어버이'와 '스승'의 의미는 각각 무엇입니까?

?

여러분 나라에 비슷한 기념일이 있으면 소개해 보세요.

# 복습

## 다음 문제를 풀어 보세요.

**※ [1~2] 그림을 보고 ( )에 알맞은 것을 고르십시오.**

**1.**

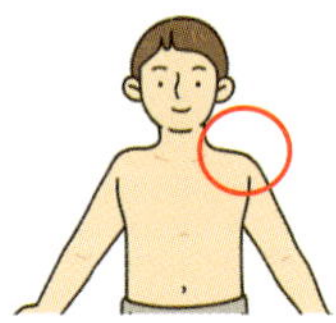

가: 어디가 불편하세요?

나: 오늘 아침부터 ( ) 아파요.

① 가슴이 ② 무릎이 ③ 허리가 ④ 어깨가

**2.**

가: 지금 뭐해요?

나: 토마토를 ( ) 있어요.

① 씻고 ② 썰고 ③ 끓이고 ④ 튀기고

**※ [3~5] 밑줄 친 부분과 반대되는 뜻을 가진 것을 고르십시오.**

**3.**

가: 오랜만이에요. 어떻게 지냈어요?

나: 지난달에 졸업하고 회사에 들어갔어요.

① 옮겼어요 ② 그만뒀어요 ③ 사귀었어요 ④ 알아봤어요

**4.**

가: 영화관에 가려면 어떻게 가요?

나: 엘리베이터를 타고 3층으로 올라가세요.

① 쭉 가세요 ② 건너가세요 ③ 들어가세요 ④ 내려가세요

**5.**

가: 종강하면 뭘 할 거예요?

나: 아직 계획을 못 세웠어요.

① 개강하면 ② 시험이 끝나면 ③ 성적이 나오면 ④ 성적을 잘 받으면

**※ [6~8] 밑줄 친 부분과 의미가 같은 것을 고르십시오.**

**6.**

가: 방학 동안 뭘 할 거예요?
나: 저는 편의점에서 <u>일할 거예요</u>.

① 나갈 거예요 ② 찾을 거예요 ③ 근무할 거예요 ④ 그만둘 거예요

**7.**

가: 어디가 아파서 왔어요?
나: 열이 나고 <u>기침을 해요</u>.

① 추워요 ② 배탈이 나요 ③ 목이 따가워요 ④ 기침이 나요

**8.**

가: 요즘 어떻게 지내요?
나: 일을 잠시 쉬고 있어서 <u>여유가 있어요</u>.

① 바쁘다 ② 한가하다 ③ 정신이 없다 ④ 잘 지내다

**※ [9~10] (  )에 알맞은 것을 고르십시오.**

**9.**

감기에 (          ) 약국에 갔어요.

① 나서 ② 걸려서 ③ 아파서 ④ 따가워서

**10.**

요즘 일을 잠시 (          ) 다른 직장을 찾고 있어요.

① 쉬면서 ② 지내면서 ③ 사귀면서 ④ 들어가면서

**※ [11~15] (  )에 알맞은 것을 고르십시오.**

**11.**

수업을 (          ) 음식을 먹지 마세요.

① 듣기 ② 들은 지 ③ 듣는 동안 ④ 들은 적이 있어서

**12.**

한국어를 ( ) 1년이 됐어요.

① 공부한 지 ② 공부하다가 ③ 공부하는 동안 ④ 공부하기 전에

**13.**

오늘 비가 많이 ( ) 우산을 꼭 가져가세요.

① 오게 ② 와서 ③ 오거나 ④ 오니까

**14.**

은행에 가려면 이쪽으로 쭉 ( ) 사거리에서 왼쪽으로 가세요.

① 간 지 ② 가니까 ③ 가다가 ④ 가면서

**15.**

돈이 필요해서 방학이 되면 아르바이트를 ( ).

① 해도 돼요 ② 하려고 해요 ③ 하지 마세요 ④ 한 적이 있어요

**※ [16~20] ( )에 알맞은 것을 고르십시오.**

**16.**

가: 지금 뭘 하고 있어요?
나: 어머니 생신 때 ( ) 편지를 쓰고 있어요.

① 드린 ② 드릴 ③ 드리기 ④ 드리거나

**17.**

가: 밥을 먹기 전에 약을 먼저 먹어도 돼요?
나: 아니요. 밥을 ( ) 약을 먹어야 해요.

① 먹는데 ② 먹어서 ③ 먹으니까 ④ 먹고 나서

**18.**

가: 유미 씨가 없는데 어디에 갔어요?
나: 글쎄요. 아마 화장실에 ( ).

① 가도 돼요 ② 가려고 해요 ③ 가지 마세요 ④ 간 것 같아요

19.

가: 시험이 끝나면 뭘 하고 싶어요?
나: 가족들과 함께 여행을 (                    ).

① 하세요 ② 해도 돼요 ③ 할까 해요 ④ 하지 못해요

20.

가: 이제 무엇을 해야 해요?
나: 우선 우리가 조금 전에 (                    ) 양념에 고기를 넣고 기다려야 해요.

① 만든 ② 만들 ③ 만드는데 ④ 만들다가

**발음 팁**

## 한국어의 받침 발음 2 (겹받침)

겹받침 'ㄳ', 'ㄵ', 'ㄼ, ㄽ, ㄾ', 'ㅄ'은 어말 또는 자음 앞에서 각각 [ㄱ, ㄴ, ㄹ, ㅂ]으로 발음합니다.

| 받침 | 대표음 | 예시 |
|---|---|---|
| ㄳ | [ㄱ] | 넋[넉] |
| ㄵ | [ㄴ] | 앉다[안따] |
| ㄼ, ㄽ, ㄾ | [ㄹ] | 여덟[여덜], 외곬[외골], 핥다[할따] |
| ㅄ | [ㅂ] | 값[갑], 없다[업:따] |

다만, '밟-'은 자음 앞에서 [밥]으로 발음하고, '넓-'은 다음과 같은 경우에 [넙]으로 발음합니다.

- 밟다[밥:따], 밟지[밥:찌], 밟게[밥:께], 밟고[밥:꼬]
- 넓-죽하다[넙쭈카다], 넓-둥글다[넙뚱글다]

겹받침 'ㄺ, ㄻ, ㄿ'은 어말 또는 자음 앞에서 각각 [ㄱ, ㅁ, ㅂ]으로 발음합니다.

| 받침 | 대표음 | 예시 |
|---|---|---|
| ㄺ | [ㄱ] | 닭[닥], 맑다[막따] |
| ㄻ | [ㅁ] | 젊다[점따], 닮다[담따] |
| ㄿ | [ㅂ] | 읊다[읍따], 읊고[읍꼬] |

# 9 이삿짐을 같이 옮겨 줄 수 있어요?

| | |
|---|---|
| 학습 목표 | 필요한 일을 부탁할 수 있다.<br>이유를 들어 거절할 수 있다. |
| 주제 | 부탁과 거절 |
| 어휘와 표현 | 부탁과 거절, 부탁 내용 |
| 문법 | -아/어 주다, -기 때문에, -기로 하다 |

위의 그림은 어떤 상황입니까?

여러분은 언제 다른 사람에게 이렇게 합니까?

# 어휘 · 표현

## 알아보세요.

### 부탁과 거절

#### 부탁

부탁하다

부탁드리다

부탁을 받다

부탁을 들어 주다

#### 거절

부탁을 거절하다

어려울 것 같다

곤란하다

## 부탁 내용

들다

옮기다

돕다, 도와주다

도움을 받다

빌리다

빌려주다

돌려주다

반납하다

통역하다

번역하다

설명하다

작성하다

# 어휘 · 표현

## 연결하세요.

| | | |
|---|---|---|
| 보기 | 부탁하다 | "알았어요. 제가 도와줄게요." |
| 1. | 부탁을 받다 | "조금 생각해 볼게요." |
| 2. | 부탁을 들어 주다 | "잘 부탁드리겠습니다." |
| 3. | 부탁을 거절하다 | "상황이 어려워요." |
| 4. | 곤란하다 | "미안해요. 그날 다른 일이 있어요." |

## 단어를 쓰세요.

보기

가: 이 서류를 작성하세요 ________________.

나: 네, 알겠습니다.

1.

가: 어디에 가요?

나: 도서관에 책을 ________________ 가요.

2.

가: 무슨 일을 하세요?

나: 영어를 한국어로 ________________ 일을 해요.

3.

가: 민수 씨, 한국어 책이 있어요?

나: 지금은 없어요. 아까 친구한테 ________________.

4.

가: 이사는 다 끝났어요?

나: 아니요. 아직 짐을 ________________.

## -아/어 주다

가: 제 가방이 너무 무거워요. 같이 들어 줄 수 있어요?

나: 그럼요.

가: 떡볶이 1인분 포장해 주세요.

나: 네, 알겠습니다.

- 누나가 동생에게 책을 읽어 주었어요.
- 여기까지 와 줘서 고마워요.

동사에 붙어 다른 사람을 위해 어떤 행동을 함을 나타낸다.

동사의 모음이 'ㅏ, ㅗ'이면 '-아 주다', 모음이 'ㅓ, ㅜ, ㅡ, ㅣ'이면 '-어 주다'를 쓰고 '하다'가 있으면 '여 주다'를 사용한다.

| ㅏ, ㅗ | -아 주다 | 와 주다 |
|---|---|---|
| ㅓ, ㅜ, ㅡ, ㅣ | -어 주다 | 늘어 수나 |
| 하다 | -여 주다 | 포장해 주다 |

TIP! 부드럽게 명령할 때도 사용한다.
예 휴대 전화 전원을 꺼 주시기 바랍니다.

TIP! 상대가 윗사람인 경우에는 '-아/어 드리다'를 사용한다.
예 부모님께 용돈을 보내 드려요.

### 대화를 만드세요.

보기 가: 지갑이 멋지네요.
나: 그렇죠? 아내가 작년 제 생일에 (선물하다) 선물해 줬어요.

**1.** 가: 생일 축하해요.
나: (축하하다) __________ 고마워요.

**2.** 가: 아까 친구에게 한국어 단어의 뜻을 (가르치다) __________.
나: 멋져요. 이제 한국어 선생님이네요.

**3.** 가: 바람이 많이 부네요. 창문 좀 (닫다) __________.
나: 네, 그럴게요.

**4.** 가: 죄송하지만 저희 사진 좀 (찍다) __________.
나: 네, 여기 보세요.

# 문법 2

## -기 때문에

가: 왜 한국어를 공부해요?
나: 아내가 한국 사람이기 때문에 한국어를 공부하고 있어요.

가: 주말에 같이 쇼핑하러 갈래요?
나: 미안해요. 다른 약속이 있기 때문에 갈 수 없어요.

• 요즘 바쁘기 때문에 여행을 할 수 없어요.
• 친한 친구가 부탁했기 때문에 친구의 일을 도와줄 거예요.

동사, 형용사에 붙어 앞의 내용이 뒤의 내용의 이유나 원인임을 나타낸다.

받침이 있든 없든 서술어의 어간 뒤에 모두 '-기 때문에'를 사용한다.

| | | |
|---|---|---|
| 받침 O | -기 때문에 | 먹기 때문에 |
| 받침 X | | 오기 때문에 |

TIP! '-기 때문이다'로 표현할 수도 있다.
예 어제 오랜만에 청소를 했어요. 왜냐하면 주말에 집에 손님이 오기 때문이에요.

## 문장을 만드세요.

보기 이삿짐이 많아요. 그래서 혼자 옮길 수 없어요.
➡ 이삿짐이 ___많기 때문에___ 혼자 옮길 수 없어요.

**1.** 매운 음식을 좋아해요. 그래서 요리할 때 고춧가루를 많이 넣어요.
➡ 매운 음식을 ______________ 요리할 때 고춧가루를 많이 넣어요.

**2.** 집이 회사와 멀어요. 그래서 아침에 일찍 일어나야 해요.
➡ 집이 회사와 ______________ 아침에 일찍 일어나야 해요.

**3.** 제 취미가 독서예요. 그래서 서점이나 도서관에 자주 가요.
➡ 제 취미가 ______________ 서점이나 도서관에 자주 가요.

**4.** 시험 공부를 열심히 했어요. 그래서 시험 성적을 잘 받았어요.
➡ 시험 공부를 ______________ 시험 성적을 잘 받았어요.

## -기로 하다

가: 이번 방학 때 뭘 할 거예요?

나: 가족들과 여행을 **가기로 했어요**.

가: 오늘 저녁에 약속 있어요?

나: 유진 씨랑 같이 태국 음식을 **먹기로 했어요**.
민수 씨도 같이 갈래요?

- 내일부터 같이 **운동하기로 해요**.
- 비가 오니까 실내에서 **만나기로 해요**.

동사에 붙어 그 행위를 할 것을 결정함을 나타낸다.

받침이 있든 없든 동사의 어간 뒤에 모두 '-기로 하다'를 사용한다.

| | | |
|---|---|---|
| 받침 O | -기로 하다 | 먹기로 하다 |
| 받침 X | | 만나기로 하다 |

TIP! -기로 하다 VS -(으)ㄹ까 하다
예 내년에도 한국어 수업을 듣기로 했어요.
내년에도 한국어 수업을 들을까 해요.

## 대화를 만드세요.

보기 가: 건강을 위해 매일 30분씩 (걷다) 걷기로 해요.
나: 그거 좋은 생각이네요.

**1.** 가: 같이 한국 음식을 만들까요?
나: 네, 좋아요. 이번 주말에 같이 제육볶음을 (만들다) ______________________.

**2.** 가: 이번 학기도 함께 열심히 (공부하다) ______________________.
나: 네, 선생님.

**3.** 가: 아르바이트는 언제부터 해요?
나: (다음 주부터 하다) ______________________.

**4.** 가: 시험이 끝나면 뭘 할 거예요?
나: 다카시 씨하고 (놀이공원에 가다) ______________________.

# 문법 연습

## 대화를 만드세요.

보기 가: 왜 이 식당에 자주 가요?
나: (음식이 맛있다) 음식이 맛있기 때문이에요.

1. 가: 왜 한국어를 공부해요?
   나: (한국 문화를 배우고 싶다) ______________________.

2. 가: 왜 이 카페에 자주 가요?
   나: (아침 일찍 문을 열다) ______________________.

3. 가: 왜 마이 씨를 좋아해요?
   나: (항상 웃고 있다) ______________________.



## 문장을 만드세요.

보기
내일 친구의 (발표 준비를 도와주다) 발표 준비를 도와주기로 했어요.

1. 내년에 가족과 (해외여행을 가다) ______________________.

2. 1월 1일부터 아침에 (일찍 일어나다) ______________________.

3. 이제부터 (간식을 안 먹다) ______________________.

## 대화를 잘 들으세요.

유 진: 다카시 씨, 내일 잠깐 시간 있어요? 저 좀 도와줄 수 있어요?

다카시: 유진 씨, 무슨 일이에요?

유 진: 제가 내일 **이사하기로 했는데** 짐이 너무 많아서요. 이삿짐을 같이 **옮겨 줄** 수 있어요?

다카시: 미안해요. 내일은 좀 곤란해요. 내일 고향에서 친구가 **오기 때문에** 공항에 가야 해요.

유 진: 그렇군요. 괜찮아요. 어쩔 수 없죠.

다카시: 주말에 제가 짐 정리를 도와줄까요?

유 진: 고마워요. 사실 주말에 마이 씨가 와서 청소를 **도와주기로 했어요**. 그때 시간이 되면 같이 청소를 도와주세요.

다카시 그럼 주말에 봐요. 혹시 그 전에 필요한 게 있으면 언제든지 연락 주세요.

## 질문에 대답하세요.

**1.** 유진 씨는 다카시 씨에게 무슨 일을 부탁했습니까?

**2.** 다카시 씨는 무슨 일을 도와주기로 했습니까?

# 대화

## 대화를 만드세요.

**다카시**

한국어 시험을 보다 + -기로 하다 + -았/었는데

문제를 설명하다 + -아/어 주다

공부를 도와주다 + -기로 하다

**민수**

친구 결혼식이 있다 + -기 때문에

다카시: 민수 씨, 내일 잠깐 시간 있어요? 저 좀 도와줄 수 있어요?

민　수: 다카시 씨, 무슨 일이에요?

다카시: 제가 다음 달에 ____________________ 모르는 문제가
너무 많아서요. 민수 씨가 좀 ______________ 수 있어요?

민　수: 미안해요. 내일은 좀 곤란해요.
내일 ____________________ 고향에 가야 해요.

다카시: 그렇군요. 괜찮아요. 어쩔 수 없죠.

민　수: 주말에 제가 시험 공부를 도와줄까요?

다카시: 고마워요. 사실 이번 주말에 마이 씨가 ______________.
민수 씨는 다음 주에 시간이 되면 공부를 도와주세요.

민수: 그럼 다음 주말에 봐요.
혹시 그 전에 모르는 게 있으면 언제든지 연락 주세요.

## 써 보세요.

1. 여러분의 친구나 가족에게 부탁할 일이 있어요? 누구에게 부탁할 거예요? 무엇을 부탁하고 싶어요? 부탁하는 메시지를 보내 보세요.

2. 여러분의 친구나 가족은 여러분에게 어떤 부탁을 해요? 여러분은 부탁을 들어줄 수 없을 때 어떻게 이야기해요? 거절하는 메시지를 보내 보세요.

**확인 점검**

| | | | |
|---|---|---|---|
| 필요한 일을 부탁할 수 있다. | ☐ | ☐ | ☐ |
| 이유를 들어 거절할 수 있다. | ☐ | ☐ | ☐ |

# 10 베트남에서 온 마이라고 합니다

| | |
|---|---|
| 학습 목표 | 자신의 성격과 관심사에 대해 소개할 수 있다. |
| 주제 | 자기소개 |
| 어휘와 표현 | 성격, 관심사 |
| 문법 | (이)라고 하다, -(으)려고, -(으)ㄴ/는 편이다 |

처음 만나는 사람과 어떻게 인사합니까?

여러분은 자기소개를 할 때 무엇을 말합니까?

# 어휘 · 표현

## 알아보세요.

### 성격

친절하다

착하다

활발하다

성실하다

적극적

소극적

사교적

내성적

## 관심사

에 관심이 있다

에 관심이 없다

에 관심을 가지다

독서

봉사 활동

바둑

화장

건강 관리

다이어트

돈 관리

유행

# 어휘 · 표현

## 연결하세요.

보기

1.

2.

3.

4.

화장 · 독서 · 봉사 활동 · 건강 관리 · 바둑

## 단어를 쓰세요.

보기

이 식당의 직원은 항상 손님들에게 친절해요.

1.

저는 ______________________ 성격이에요.
몸을 움직이는 것을 좋아해요.

2.

제 친구는 참 ______________________.
다른 사람들을 잘 도와줘요.

3.

제 동생은 ______________________.
공부나 일을 항상 열심히 해요.

4.

저희 오빠는 ______________________.
여러 사람과 쉽게 친구가 돼요.

## (이)라고 하다

가: 처음 뵙겠습니다. **김지안이라고 합니다.**

나: 만나서 반갑습니다.

가: 선생님, 이걸 한국어로 뭐라고 해요?

나: 그건 무선 **이어폰이라고 해요.**

- 베트남 여행에서 **잭프루트라고 하는** 과일을 먹어 봤어요.
- 쉬는 날이 이틀 이상일 때를 **연휴라고 해요.**

주로 명사에 붙어 어떤 대상을 부르는 말을 나타낸다.

앞에 오는 말에 받침이 있으면 '이라고 하다', 받침이 없으면 '라고 하다'를 사용한다.

| | | |
|---|---|---|
| 받침 O | 이라고 하다 | 이어폰이라고 하다 |
| 받침 X | 라고 하다 | 연휴라고 하다 |

TIP! 명사가 아니라 문장을 말할 때는 따옴표(" ")를 사용한다.

예 어제 생일인 친구에게 "생일 축하해요."라고 했어요.

TIP! '(이)라고' 뒤에 '말하다, 부르다' 등의 단어를 쓸 수 있다.

예 한국에서는 새해가 되면 "새해 복 많이 받으세요."라고 말해요.

## 대화를 만드세요.

보기 가: 이 물건을 한국어로 뭐라고 해요?

나: 이건 한국어로 (충전기) 충전기라고 해요.

**1.** 가: 여기를 한국어로 뭐라고 해요?

나: 거기는 한국어로 (어깨) ______________________.

**2.** 가: 이 물건을 한국어로 뭐라고 해요?

나: 그건 한국어로 (여권) ______________________.

**3.** 가: 다른 사람에게 좋은 물건이나 사람을 소개하는 것을 한국어로 뭐라고 해요?

나: 그런 건 한국어로 (추천) ______________________.

**4.** 가: 한국에서는 사람을 부를 때 뭐라고 해요?

나: 이름 뒤에 '아'나 '야'라고 해요. 예를 들어, 이름이 민수면 ______________________.

# 문법 2

## -(으)려고

가: 왜 한국어를 공부해요?
나: 한국어 **선생님이 되려고** 한국어를 공부하고 있어요.

가: 학교에 굉장히 일찍 왔네요.
나: 네. 저는 앞자리에 **앉으려고** 매일 일찍 와요.

- 노트북을 새로 **사려고** 아르바이트를 하고 있어요.
- 라면을 **먹으려고** 물을 끓이고 있어요.

동사에 붙어 뒤에 오는 행동의 의도나 목적을 나타낸다.

받침이 있는 동사에는 '-으려고', 받침이 없는 동사, ㄹ받침 동사에는 '-려고'를 사용한다.

| 받침 O | -으려고 | 앉으려고 |
|---|---|---|
| 받침 X | -려고 | 사려고 |
| ㄹ 받침 | | 만들려고 |

TIP! '-(으)려고' 뒤에는 명령문이나 청유문이 올 수 없다.
예 라면을 먹으려고 물을 끓이세요. (X)
라면을 먹으려고 물을 끓입시다. (X)

## 문장을 만드세요.

보기 (가족들이랑 같이 먹다) 가족들이랑 같이 먹으려고 ________ 불고기를 많이 만들었어요.

1. (다이어트를 하다) ________________ 운동을 시작했어요.
2. (김치전을 만들다) ________________ 김치하고 밀가루를 사요.
3. (아이스크림을 사다) ________________ 편의점에 가요.
4. (음악을 듣다) ________________ 이어폰을 샀어요.

## -(으)ㄴ/는 편이다

가: 이 식당은 음식이 맛있는 편이네요.
나: 맞아요. 그래서 가격도 비싼 편이에요.

가: 유진 씨, 이 치마 유진 씨한테 잘 어울릴 것 같아요.
나: 예쁘네요. 그런데 저는 치마보다는 바지를 자주 입는 편이에요.

- 우리 아이는 아직 어리지만 밥을 많이 먹는 편이에요.
- 저는 우리 반에서 한국어를 잘하는 편이에요.

동사, 형용사에 붙어 대체로 어떤 쪽에 가까움을 나타낸다.

동사의 받침 유무에 관계없이 '-는 편이다'를 쓴다. 형용사의 경우 받침이 있으면 '-은 편이다', 받침이 없으면 '-ㄴ 편이다'를 사용한다.

| 동사 | | -는 편이다 | 입는 편이다 |
|---|---|---|---|
| 형용사 | 받침 O | -은 편이다 | 좋은 편이다 |
| | 받침 X | -ㄴ 편이다 | 비싼 편이다 |

TIP! 과거의 경우 '동사 + -(으)ㄴ 편이다'를 사용한다.
예 이번에 시험을 잘 본 편이에요.
평소보다 밥을 빨리 먹은 편이에요.

### 문장을 만드세요.

보기 보통 백화점보다 시장 물건이 더 싸요.
➡ 백화점보다 시장 물건이 더 싼 편이에요.

1. 언니는 우리 가족 다섯 명 중에서 두 번째로 키가 커요.
   ➡ 언니는 우리 가족 중에서 ______________________.
2. 이 아르바이트는 다른 아르바이트보다 시급이 높아요.
   ➡ 이 아르바이트는 ______________________.
3. 저는 거의 매일 카페에 가요.
   ➡ 저는 자주 ______________________.
4. 출근 시간이지만 지하철에 평소보다 사람이 없어요.
   ➡ 출근 시간이지만 지하철에 ______________________.

# 문법 연습

## 문장을 만드세요.

보기 제 이름은 유진이에요

➡ 저는 유진이라고 해요.

1. 제 친구 이름은 마크예요.

   ➡ 제 친구는 ______________________.

2. 저 강아지 이름은 보리예요.

   ➡ 저 강아지는 ______________________.

3. 제 별명은 잠꾸러기예요.

   ➡ 사람들은 저를 ______________________.



## 대화를 만드세요.

보기 가: 주말에는 보통 뭘 해요?

나: 저는 (집에 있다) 집에 있는 편이에요.

1. 가: 다카시 씨는 매운 음식을 잘 먹어요?

   나: 아니요. 저는 매운 음식을 (잘 못 먹다) ______________________.

2. 가: 마이 씨는 성격이 어때요?

   나: 저는 성격이 (내성적이다) ______________________.

3. 가: 음식 맛이 어때요?

   나: 여기 음식은 (조금 짜다) ______________________.

## 대화를 잘 들으세요.

장영: 안녕하세요? 저는 **장영이라고 해요**. 이 한국어 공부 모임은 처음이지요?

마이: 처음 뵙겠습니다. 저는 베트남에서 온 **마이라고 합니다**.

장영: 이 모임에는 어떻게 오셨어요?

마이: 저는 책을 많이 **읽는 편인데** 최근에는 한국 문학에 관심이 많아졌어요. 같이 한국 책을 읽을 사람을 **찾으려고** 와 봤어요.

장영: 그렇군요. 저는 주위에 한국어를 공부하는 친구들이 별로 없어요. 그래서 한국어 말하기를 **연습하려고** 이 모임에 나오고 있어요. 저쪽에 있는 다른 분들도 소개해 줄게요. 같이 갈까요?

마이: 네, 좋아요. 장영 씨는 성격이 굉장히 사교적인 것 같아요.

장영: 맞아요. 처음 만난 사람하고도 **잘 친해지는 편이에요**.

마이: 부러워요. 저는 **내성적인 편이라** 친해지는 데 시간이 필요해요.

## 질문에 대답하세요.

**1.** 장영 씨는 왜 이 모임에 나갑니까?

**2.** 마이 씨의 성격은 어떻습니까?

# 대화

## 대화를 만드세요.

**다카시**

다카시 + (이)라고 하다

시험 준비를 하다 + -(으)려고

그런 이야기를 자주 듣다 + -(으)ㄴ/는 편이다

**레나**

한국어는 잘하다 + -(으)ㄴ/는 편이다 + -(으)ㄴ/는데

친구를 사귀다 + -(으)려고

다카시: 안녕하세요? 저는 ______________________________.
이 한국어 공부 모임은 처음이지요?

레 나: 처음 뵙겠습니다. 저는 독일에서 온 레나라고 합니다.

다카시: 이 모임에는 어떻게 오셨어요?

레 나: 저는 ______________________ 같이 한국어로 이야기할
친구가 없어요. ______________________ 왔어요.

다카시: 그렇군요. 저는 올해 한국어 시험을 보려고 해요.
그래서 ______________________ 모임에 나오고 있어요.
저쪽에 있는 다른 분들도 소개해 줄게요. 같이 갈까요?

레 나: 네, 좋아요. 다카시 씨는 처음 만난 사람에게도 굉장히 친절한
것 같아요.

다카시: 정말요? 사실 ______________________.

레 나: 멋져요. 저는 내성적인 편이라 먼저 이야기를 시작하는 것이
어려워요.

## 이야기해 보세요.

**1.** 여러분은 어떤 사람입니까? 아래에 메모해 보세요.

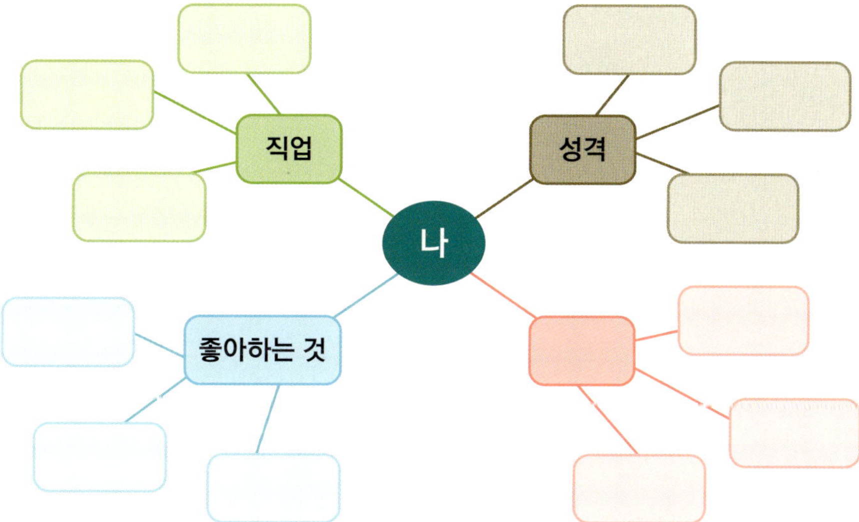


**2.** 처음 만난 사람에게 여러분을 소개해 보세요. 문장을 쓰고 녹음해 보세요.

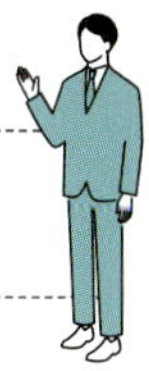

**확인 점검**

| | | | |
|---|---|---|---|
| 자신의 성격을 소개할 수 있다. | ☐ | ☐ | ☐ |
| 자신의 관심사에 대해 말할 수 있다. | ☐ | ☐ | ☐ |

# 11 제 휴대폰을 찾는 중이에요

| | |
|---|---|
| 학습 목표 | 자신이 처한 문제 상황에 대해 설명할 수 있다. |
| 주제 | 문제 해결 |
| 어휘와 표현 | 문제와 해결 |
| 문법 | -(으)면 되다, 피동(-이/히/리/기-), -는 중이다 |

위의 그림은 어떤 상황입니까?

여러분은 이런 경험이 있습니까?
그때 어떻게 문제를 해결했습니까?

# 어휘 · 표현

## 알아보세요.

### 문제

문제가 있다/생기다

큰일이 나다

잃어버리다

잊어버리다

고장이 나다

불편하다

지각하다

걱정하다

고민하다

## 해결

문제를 해결하다

해결 방법을 찾다

분실물

분실물 센터

고객 센터

수리하다

문의하다

서두르다

조심하다

# 어휘 · 표현

## 연결하세요.

보기

1.

2.

3.

4.

걱정하다 | 고장이 나다 | 불편하다 | 잃어버리다 | 지각하다

## 단어를 쓰세요.

보기

여행 계획에 문제가 생겼어요.

그래서 지금 해결 방법을 찾아요.

1.

지하철에서 카드를 잃어버렸어요.

____________________에 가야 해요.

2.

지난주에 노트북이 고장 났어요.

그래서 어제 노트북을 ____________________.

3.

상품에 대한 질문이 있으면 ____________________에

문의하세요.

4.

오늘 아침에 늦잠을 잤어요.

그래서 1교시 수업에 ____________________.

## -(으)면 되다

가: 이 근처에 분실물 센터가 있어요?

나: 네, 이쪽으로 쭉 **가면 돼요**.

가: 미안해요. 급한 일이 생겨서 오늘 같이 놀 수 없어요.

나: 괜찮아요. 다음에 **놀면 돼요**.

- 제가 음식을 포장해 왔어요. 바로 **먹으면 돼요**.
- 시험을 볼 때 검은색 펜만 **있으면 돼요**.

동사, 형용사에 붙어 어떤 행동을 하거나 어떤 상태만 갖추어지면 충분함을 나타낸다.

받침이 있는 서술어에는 '-으면 되다', 받침이 없거나 받침이 ㄹ인 서술어에는 '-면 되다'를 사용한다.

| 받침 O | -으면 되다 | 먹으면 되다 |
|---|---|---|
| 받침 X | -면 되다 | 가면 되다 |
| ㄹ 받침 | | 놀면 되다 |

## 대화를 만드세요.

보기 가: 휴대폰이 고장이 났어요. 어떻게 하면 돼요?

나: 서비스 센터에 가서 (수리하다) 수리하면 돼요.

1. 가: 어떤 컴퓨터를 찾으세요?

   나: 가격이 비싸지 않고 (가볍다) ______________________.

2. 가: 해외 여행을 할 때 무엇이 필요해요?

   나: 요즘은 (여권만 있다) ______________________.

3. 가: 요즘 이것저것 자꾸 잊어버려요.

   나: 그럴 때는 (바로바로 메모하다) ______________________.

4. 가: 어떻게 하면 한국어를 잘할 수 있어요?

   나: (매일 한국어를 연습하다) ______________________.

# 문법 2

## 피동(-이/히/리/기-)

가: 와, 집에서 한강이 **보이네요**.
나: 예쁘죠? 밤에는 더 멋진 야경도 볼 수 있어요.

• 한강을 보다  vs 한강이 보이다 

• 문을 닫다  vs 문이 닫히다 

• 음악을 듣다  vs 음악이 들리다 

• 엄마가 아이를 안다  vs 아이가 엄마에게 안기다 

• 호랑이가 토끼를 잡았다 vs 토끼가 호랑이에게 잡혔다

동사에 붙어 그 행위를 스스로 하지 않고 남에 의해 행위가 행해짐을 나타낸다.

동사에 따라 함께 쓰는 접사가 달라진다.

| -이- | 보다 (보이다) | 바꾸다 (바뀌다) | 쌓다 (쌓이다) |
|---|---|---|---|
| -히- | 막다 (막히다) | 닫다 (닫히다) | 잡다 (잡히다) |
| -리- | 팔다 (팔리다) | 듣다 (들리다) | 물다 (물리다) |
| -기- | 안다 (안기다) | 감다 (감기다) | 끊다 (끊기다) |

## 대화를 만드세요.

보기 가: 지수 씨 전화번호가 (바꾸다) 바뀌었어요 ?

나: 몰랐어요? 지수 씨가 전화번호를 바꾼 지 오래되었어요.

1. 가: 밤 사이에 눈이 정말 많이 내렸네요.

   나: 그러게요. 집 앞에도 눈이 많이 (쌓다)________________.

2. 가: 제일 인기 있는 메뉴가 뭐예요?

   나: 이 빵이 제일 잘 (팔다)________________.

3. 가: 많이 피곤해요?

   나: 네, 눈이 계속 (감다)________________.

4. 가: 방금 저절로 문이 (닫다)________________.

   나: 바람이 정말 세게 부네요.

## 문법 3

### -는 중이다

가: 지금 어디예요? 오고 있어요?
나: 네, 지금 지하철을 타고 가는 중이에요.

가: 비자 문제를 해결했어요?
나: 아직이요. 해결 방법을 찾는 중이에요.

- 치킨을 주문했어요. 배달을 기다리는 중이에요.
- 내일 아침에 먹을 샌드위치를 만드는 중이에요.

동사에 붙어 어떤 일이 진행되고 있음을 나타낸다.

받침이 있든 없든 동사의 어간 뒤에 '-는 중이다'를 사용한다.

| | | |
|---|---|---|
| 받침 O | -는 중이다 | 찾는 중이다 |
| 받침 X | | 가는 중이다 |
| ㄹ 받침 | | 만드는 중이다 |

TIP! 명사의 경우 '명사+중이다'를 사용한다.
예 지금 식사하는 중이에요. = 식사 중이에요.
지금 운동하는 중이에요. = 운동 중이에요.

TIP! '-는 중에'의 형태로 쓸 수도 있다.
예 회사에서 일하는 중에 친구에게 전화가 왔어요.
시험을 보는 중에는 밖으로 나갈 수 없습니다.

### 문장을 만드세요.

보기 정석 씨는 (책을 읽다) 책을 읽는 중이에요 ______.

1. 컴퓨터가 고장나서 (수리하다) ______.
2. 소현 씨는 지금 (화장하다) ______.
3. 조금 이따가 친구들을 만나러 가요. 그래서 지금 (씻다) ______.
4. (운동) ______ 물을 자주 마셔야 해요.

## 문장을 만드세요.

보기 감기에 걸리다 → 약을 먹다

➡ 감기에 걸리면 약을 먹으면 돼요.

1. 문제가 있다 → 해결 방법을 찾다

➡ 문제가 있으면 ______________________.

2. 비밀번호를 잊어버리다 → 새 비밀번호를 만들다

➡ 비밀번호를 잊어버리면 ______________________.

3. 컴퓨터가 안 켜지다 → 전원 버튼을 다시 누르다

➡ 컴퓨터가 안 켜지면 ______________________.

## 문장을 만드세요.

보기 선생님이 친구 이름을 불렀어요.

➡ 친구 이름이 불렸어요.

1. 개가 사람을 물었어요.

➡ ______________________.

2. 큰 차가 길을 막았어요.

➡ ______________________.

3. 누나가 전화를 끊었어요.

➡ ______________________.

# 대화

## 대화를 잘 들으세요.

다카시: 마이 씨, 왜 그래요? 무슨 일 있어요?

마　이: 제 휴대폰을 **찾는 중이에요**. 아까부터 안 **보이네요**. 큰일 났어요.

다카시: 괜찮아요. 천천히 **찾으면 돼요**. 마지막에 어디서 사용했어요?

마　이: 기억이 잘 안 나요.

다카시: 그래요? 제가 전화해 볼게요. 소리가 **들려요**?

마　이: 아니요. 안 **들려요**. 여기에 없는 것 같아요.
아, 아까 카페에 갔는데 거기에 전화해 줄 수 있어요?

다카시: 네, 지금 전화해 볼게요.
(잠시 후) 아, 다행히 카페에 있어요!

마　이: 정말 고마워요, 다카시 씨. 아까는 놀라서 일이 손에 안 **잡혔어요**.
요즘 왜 이러는지 모르겠어요.

다카시: 괜찮아요. 앞으로 **조심하면 돼요**.

## 질문에 대답하세요.

**1.** 마이 씨에게 무슨 문제가 있었습니까?

**2.** 마이 씨의 휴대폰은 어떻게 되었습니까?

## 대화를 만드세요.

**유진**

노트북을 고치다 + -는 중이다

안 듣다 + -이/히/리/기-

쌓다 + -이/히/리/기- + -아/어서

**민수**

바로 가다 + -(으)면 되다

수리하다 + -(으)면 되다

민수: 유진 씨, 왜 그래요? 무슨 일 있어요?

유진: 제 ______________________________.

아까부터 영상 소리가 ______________________. 큰일 났어요.

민수: 괜찮아요. 천천히 다시 해 보면 돼요.

언제부터 이렇게 되었어요?

유진: 한 시간 전부터요.

민수: 그래요? 이상하네요.

유진: 아무래도 고객 센터에 문의해야 할 것 같아요.

거기에 전화해 줄 수 있어요?

민수: 네, 지금 전화해 볼게요.

(잠시 후) 제가 전화로 수리를 예약했어요.

지금 ______________________________.

유진: 정말 고마워요, 민수 씨.

할 일이 많이 ______________________ 걱정했어요.

민수: 괜찮아요. 금방 ______________________________.

# 활동

## 이야기해 보세요.

**1.** 다음 질문에 답하세요.

- 여러분은 최근에 어떤 문제가 있습니까?
- 그 문제를 해결했습니까? 어떻게 해결했습니까?
- 아직 해결하지 못했습니까? 그 문제를 해결하기 위해 누구의 도움이 필요합니까?

**2.** 여러분의 문제에 대해 누구에게 이야기합니까? 어떻게 이야기합니까? 아래에 메모하고 이야기해 보세요.

**확인 점검**

| | | | |
|---|---|---|---|
| 자신이 처한 문제 상황에 대해 설명할 수 있다. | ☐ | ☐ | ☐ |
| 문제 해결 방법을 듣고 이해할 수 있다. | ☐ | ☐ | ☐ |

# 메모

# 12 스트레스가 많아져서 요가를 시작했어요

| | |
|---|---|
| 학습 목표 | 스트레스 해소 방법에 대해 이야기할 수 있다. |
| 주제 | 스트레스 |
| 어휘와 표현 | 스트레스 원인과 해소 |
| 문법 | -아/어지다, -게 되다, -(으)ㄴ/는데(대립) |

왼쪽 그림의 사람은 지금 어떤 것 같습니까?

여러분은 요즘 스트레스가 있습니까?
무엇 때문에 스트레스가 있습니까? 그래서 어떻게 합니까?

# 어휘 · 표현

## 알아보세요.

### 스트레스

스트레스가 있다

스트레스가 없다

스트레스를 받다

스트레스를 풀다

스트레스가 쌓이다

스트레스가 풀리다

## 스트레스 원인

취업

직장

연애

인간관계

명절

## 스트레스 해소

편안하다

수면

휴식

충분하다

규칙적

# 어휘 · 표현

## 단어를 쓰세요.

보기

시험을 생각하면 스트레스를 받아요.

1.

저는 요즘 ______________________.

아무 걱정이 없어요.

2.

요즘 회사 일이 많이 바빠요. 그런데 얼마 전에 친구와도 싸웠어요.

계속 ______________________.

3.

스트레스가 많을 때 스트레스를

어떻게 ______________________?

4.

저는 스트레스가 많을 때 매운 음식을 먹어요.

그러면 ______________________.

## 연결하세요.

보기

1.

2.

3.

4.

| 인간 관계 | 직장 | 연애 | 휴식 | 수면 |
|---|---|---|---|---|

## -아/어지다

가: 요가를 하면 어떤 점이 좋아요?
나: 요가를 하고 나서 마음이 **편안해졌어요**.

가: 오랜만이에요. 그동안 잘 지냈어요?
나: 작년에 몸이 좀 안 좋았어요. 하지만 지금은 다시 **건강해졌어요**.

- 방학이 끝나고 다시 **바빠졌어요**.
- 이사를 가서 회사가 더 **멀어졌어요**.

형용사에 붙어 상태가 조금씩 변화함을 나타낸다.

형용사의 모음이 'ㅏ, ㅗ'이면 '-아지다', 모음이 'ㅓ, ㅜ, ㅡ, ㅣ'이면 '-어지다'를 쓰고 '하다'가 있으면 '-여지다'를 사용한다.

| ㅏ, ㅗ | -아지다 | 바빠지다 |
|---|---|---|
| ㅓ, ㅜ, ㅡ, ㅣ | -어지다 | 멀어지다 |
| 하다 | -여지다 | 편안해지다 |

TIP! 빨갛다, 파랗다, 노랗다' 등의 'ㅎ' 받침이 있는 색 표현은 '빨개지다, 파래지다, 노래지다'와 같이 변한다.
예 많이 울어서 눈이 빨개졌어요.

TIP! '점점, 점차'와 함께 자주 사용한다.
예 아침에는 비가 왔어요. 지금은 비가 그쳤어요. 날씨가 점점 좋아지고 있어요.

## 문장을 만드세요.

보기 예전에는 스트레스가 없었어요. 요즘은 스트레스가 많아요.
스트레스가 많아졌어요 ______.

1. 미용실에 가서 머리를 잘랐어요. 지금은 머리가 짧아요.
   머리가 ______.
2. 지난주에는 과일이 쌌어요. 지금은 과일이 비싸요.
   과일 값이 ______.
3. 여름에는 날씨가 더웠어요. 지금은 가을이라서 시원해요.
   날씨가 많이 ______.
4. 예전에는 성격이 내성적이었어요. 하지만 지금은 활발해요.
   성격이 많이 ______.

# 문법 2

## -게 되다

가: 요즘 무슨 옷을 자주 입어요?
나: 회사에 들어오고 나서 정장을 자주 **입게 되었어요**.

가: 어떻게 하면 한국어를 더 잘할 수 있을까요?
나: 한국어를 매일 연습하면 **잘하게 될** 거예요.

- 졸업을 해서 아르바이트를 **그만두게 되었어요**.
- 요즘은 바빠서 도서관에 잘 **안 가게 돼요**.

동사, 형용사에 붙어 그러한 상황, 상태가 됨을 나타낸다.

서술어의 받침 유무에 관계 없이 어간 뒤에 모두 '-게 되다'를 사용한다.

| | | |
|---|---|---|
| 받침 O | -게 되다 | 입게 되다 |
| 받침 X | | 그만두게 되다 |

TIP! 주로 '-게 되었다'처럼 과거형으로 쓰인다.
예 예전에는 커피를 잘 못 마셨지만 요즘은 잘 마시게 되었어요.

TIP! '결국, 드디어, 마침내'와 같은 부사와 함께 자주 사용한다.

TIP! '-어지다'는 변화하는 과정을 강조하고, '-게 되다'는 변한 결과를 강조한다.
예 한국어 발음이 점점/점차 좋아졌어요.
마침내/드디어 한국 사람처럼 발음하게 되었어요.

## 문장을 만드세요.

보기 저는 원래 매운 음식을 잘 못 먹었어요. 그런데 한국인 친구들과 같이 밥을 먹으면서 매운 음식을 잘 먹게 되었어요.

1. 처음 운전할 때는 노래나 라디오를 듣지 않았어요. 지금은 운전을 잘해요. 요즘은 운전하면서 노래를 ______________________.
2. 예전에는 한국어 단어를 별로 몰랐어요. 그런데 지금은 많이 알아요. 선생님 덕분에 한국어 단어를 많이 ______________________.
3. 우리 가족은 지금 고향에서 살아요. 하지만 부모님 직장 때문에 내년부터 해외에서 살 거예요. 우리 가족 모두 ______________________.
4. 고등학생 때는 아침에 일찍 일어나는 것이 힘들었어요. 하지만 요즘은 일찍 일어날 수 있어요. 운동을 하고 나서 아침 ______________________.

## -(으)ㄴ/는데(대립)

가: 지난주 시험은 어땠어요?
나: 바빠서 공부를 많이 **못 했는데** 시험을 잘 봤어요.

가: 민수 씨는 휴가 때 여행 안 가요?
나: 가고 싶은 곳은 **많은데** 시간이 없어요.

- 학교 정문 앞 카페는 커피가 **비싼데** 항상 사람이 많아요.
- 저는 우유를 잘 **마시는데** 동생은 우유를 못 마셔요.

동사, 형용사에 붙어 앞의 내용과 뒤의 내용이 서로 대립됨을 나타낸다.

동사의 받침 유무에 관계없이 '-는데'를 쓴다. 형용사의 경우 받침이 있으면 '-은데', 받침이 없으면 '-ㄴ데'를 사용한다.

| 동사, 있다/없다 | | -는데 | 받는데 |
|---|---|---|---|
| 형용사 | 받침 O | -은데 | 좋은데 |
| | 받침 X | -ㄴ데 | 배고픈데 |

TIP! '-는데/(으)ㄴ데' 뒤에 조사 '도'를 써서 강조의 의미를 나타낼 수 있다.
예 바빠서 공부를 못 했는데도 시험을 잘 봤어요.

TIP! 6과에서 배운 '-는데/(으)ㄴ데'는 배경이나 상황을 설명할 때 쓴다.
예 내일 월급을 받는데 맛있는 것을 먹을까요?

### 문장을 만드세요.

보기 오늘은 평일이에요. 그런데 놀러 온 사람들이 많아요.
➡ 오늘은 평일인데 놀러 온 사람들이 많아요.

1. 저는 여행을 좋아해요. 그런데 자주 가지는 못해요.
   ➡ ______________________ 자주 가지는 못해요.
2. 식당에 손님이 많아요. 그런데 음식이 빨리 나왔어요.
   ➡ ______________________ 음식이 빨리 나왔어요.
3. 아르바이트는 힘들어요. 그런데 함께 일하는 사람들이 좋아요.
   ➡ ______________________ 함께 일하는 사람들이 좋아요.
4. 30분 전에 밥을 먹었어요. 그런데 벌써 배가 고파요.
   ➡ ______________________ 벌써 배가 고파요.

# 문법 연습

## 대화를 만드세요.

보기 가: 감기는 좀 어때요?

나: (지금은 괜찮다) 지금은 괜찮아졌어요.

1. 가: 한국어를 열심히 공부하네요.

   나: 네. 한국어가 (점점 더 재미있다) ______________________.

2. 가: 새 노트북이에요?

   나: 네. 요즘은 (노트북이 가볍다) ______________________.

3. 가: 다들 집에 갔어요?

   나: 네. 그래서 (교실이 조용하다) ______________________.

## 문장을 만드세요.

보기 열심히 공부했다, 시험이 어려웠다

➡ 열심히 공부했는데 시험이 어려웠어요.

1. 날씨가 따뜻하다, 바람이 많이 불다

   ➡ ______________________ 바람이 많이 불어요.

2. 이 카페는 커피가 맛있다, 가격이 비싸다

   ➡ ______________________ 가격이 비싸요.

3. 약을 먹었다, 아직 기침을 하다

   ➡ ______________________ 아직 기침을 해요.

## 대화를 잘 들으세요.

민수: 마이 씨, 오랜만이에요. 우리 한 달만에 보는 거지요? 어떻게 지내요?

마이: 최근에 새 프로젝트를 **맡게 되어서** 스트레스를 받고 있어요.

민수: 이런, 밥은 잘 먹고 다녀요? 저도 요즘 스트레스가 **많아져서** 요가를 시작했어요.

마이: 요가 어때요? 저도 하려고 **했는데** 너무 바빠서 결국 못했어요.

민수: 정말 좋아요. 퇴근 후에 요가를 하면 스트레스도 풀리고 마음도 **편안해져요**.

마이: 그럼 저도 이번 프로젝트만 끝나면 해 볼래요.

민수: 좋은 생각이에요. 그리고 저는 요가를 시작하고 나서 아침 일찍 **일어나게 되었어요**.

마이: 규칙적인 운동과 충분한 수면. 저도 잘 **아는데** 실제로 하는 게 어렵네요.

## 질문에 대답하세요.

**1.** 마이 씨는 요즘 어떻게 지내고 있습니까?

**2.** 민수 씨는 요가를 하고 나서 어떻게 되었습니까?

# 대화

## 대화를 만드세요.

**다카시** 인턴으로 일하다 + -게 되다 + -아/어서

**유진**

요즘 스트레스가 많다 + -아/어지다 + -아/어서

휴대폰을 봤다 + -(으)ㄴ/는데

좀 더 잘 자다 + -게 되다

유 진: 다카시 씨, 오랜만이에요. 우리 한 달만에 보는 거지요?

어떻게 지내요?

다카시: 최근에 ______________________ 스트레스를 받고 있어요.

유 진: 이런, 밤에 잠은 잘 자요?

저는 ______________________ 잠을 잘 못 자요.

다카시: 유진 씨도요? 저도요. 무슨 좋은 방법 없을까요?

유 진: 저는 자기 전에 휴대폰을 안 보려고 해요.

예전에는 자기 직전까지 ______________________

요즘은 거의 안 봐요.

다카시: 저도 그렇게 해 볼래요.

유 진: 좋은 생각이에요. 그리고 저는 운동도 시작했어요.

운동을 시작하고 나서 ______________________.

다카시: 규칙적인 운동과 충분한 수면.

저도 잘 아는데 실제로 하는 게 어렵네요. 하하.

## 이야기해 보세요.

**1.** 다음 질문에 답하세요.

1) 여러분은 요즘 스트레스가 있습니까? 그 이유가 무엇입니까?
그리고 또 언제 스트레스를 받습니까?

2) 스트레스가 많을 때 여러분은 어떻게 합니까?

- 여러분 혼자일 때 무엇을 합니까?
- 친구나 가족과 함께일 때 무엇을 합니까?
- 얼마나 자주 그렇게 합니까?
- 그렇게 하면 무엇이 좋습니까?

**2.** 스트레스를 많이 받을 때 여러분은 어디에서, 무엇을, 누구와, 어떻게 합니까? 여러분이 스트레스를 푸는 방법을 친구에게 소개하세요.

**확인 점검**

| | | | |
|---|---|---|---|
| 스트레스 해소 방법에 대해 이야기할 수 있다. | ☐ | ☐ | ☐ |
| 상태나 상황의 변화를 표현할 수 있다. | ☐ | ☐ | ☐ |

# 13 풍경이 그림처럼 예쁘네요

| 학습 목표 | 풍경과 분위기를 묘사할 수 있다. |
| --- | --- |
| 주제 | 풍경 묘사 |
| 어휘와 표현 | 묘사, 비교 |
| 문법 | 처럼, -아/어 있다, -아/어 보이다 |

위의 그림 속에 무엇이 있습니까?
이곳의 느낌은 어떻습니까?

지금 여러분의 주변에 무엇이 있습니까?
그곳의 느낌은 어떻습니까?

# 어휘 · 표현

## 알아보세요.

### 묘사

경치/풍경

야경

분위기

밝다

어둡다

깔끔하다

더럽다

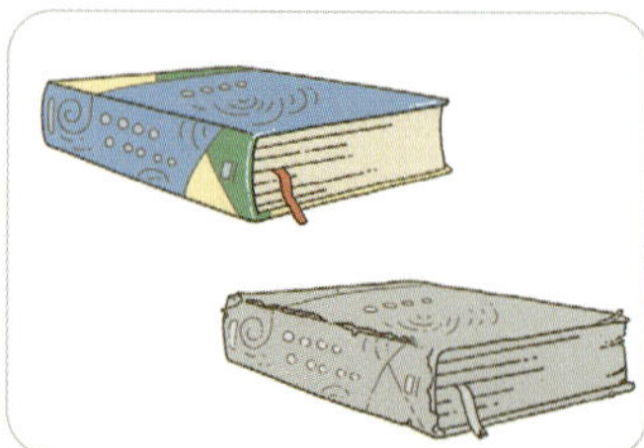
새롭다

오래되다

세련되다

촌스럽다

가득하다

비다

## 비교

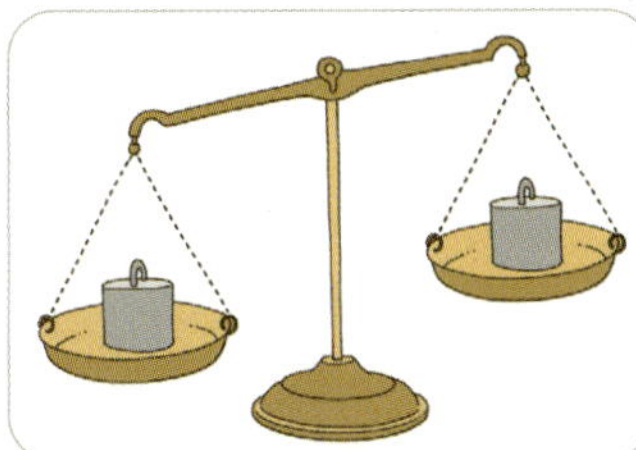

비교하다

똑같다

비슷하다

닮다

다르다

보다 더/덜

# 어휘 · 표현

## 연결하세요.

보기

1.

2.

3.

4.

어둡다 | 가득하다 | 새롭다 | 밝다 | 촌스럽다

## 단어를 쓰세요.

보기

오렌지와 귤은 맛이 비슷해요.

1.

친구의 펜과 제 펜이 ______.

2.

언니와 동생이 ______.

3.

지하철이 버스 ______ 길어요.

4.

3,000원 3,200원

식빵의 가격이 ______.

## 처럼

가: 여기는 우리 강아지예요.
나: 어머, 강아지가 **인형처럼** 아주 귀엽네요.

가: 마이 씨가 만든 음식이 식당에서 파는 **음식처럼** 맛있어요.
나: 그래요? 고마워요.

- 저도 **선생님처럼** 한국어를 잘하고 싶어요.
- 아직 가을인데 겨울 **날씨처럼** 추워요.

명사에 붙어 모양이나 정도가 비슷함을 나타낸다.

명사에 받침이 있든 없든 '처럼'을 사용한다.

|  | |  |
|---|---|---|
| 받침 O | 처럼 | 선생님처럼 |
| 받침 X | 처럼 | 날씨처럼 |

TIP! '처럼'은 '같이'로 바꾸어 쓸 수 있다.
예 강아지가 인형같이 아주 귀엽네요.

### 문장을 만드세요.

보기

아기가 어른처럼 말을 잘해요.

1.

동생도 ______________________ 키가 커요.

2.

유정 씨는 ______________________ 노래를 잘 불러요.

3.

저도 언젠가 ______________________ 하늘을 날아 보고 싶어요.

4.

이곳 풍경이 ______________________ 아름다워요.

# 문법 2

## -아/어 있다

가: 저기 앉아 있는 사람이 누구예요?
나: 민정 씨 옆에 앉아 있는 사람이요? 민정 씨 남자 친구예요.

가: 민수 씨, 지금 어디예요?
나: 저는 약속 장소에 도착해 있어요.

- 일할 때 계속 서 있어서 다리가 아파요.
- 다카시 씨 옷에 머리카락이 붙어 있어요.

동사에 붙어 그 행동의 상태가 지속됨을 나타낸다.

동사의 모음이 'ㅏ, ㅗ'이면 '-아 있다', 모음이 'ㅓ, ㅜ, ㅡ, ㅣ'이면 '-어 있다'를 쓰고 '하다'가 있으면 '-여 있다'를 사용한다.

| ㅏ, ㅗ | -아 있다 | 앉아 있다 |
|---|---|---|
| ㅓ, ㅜ, ㅡ, ㅣ | -어 있다 | 붙어 있다 |
| 하다 | -여 있다 | 도착해 있다 |

TIP! 목적어를 필요로 하지 않는 동사에만 쓸 수 있다.
예 밥을 먹어 있습니다. (X)

TIP! 피동 표현 '-이/히/리/기-'와 함께 쓰일 수 있다.
예 창문이 열려 있어요.
아기가 할머니에게 안겨 있어요.

### 문장을 만드세요.

보기 친구들이 모두 고향으로 갔어요.
이제 저만 여기에 (남다) 남아 있어요.

1. 동생이 오늘 많이 피곤한 것 같아요.
   계속 침대에 (눕다) ________________.
2. 지금 신호등이 빨간 불이에요.
   그래서 차가 모두 (정지하다) ________________.
3. 제 친구는 일하러 프랑스에 (가다) ________________.
   1년 뒤에 돌아올 거예요.
4. 칠판에 뭐라고 (쓰이다) ________________?
   글씨가 잘 안 보여요.

## -아/어 보이다

가: 얼굴이 좋아 보이네요. 잘 지냈지요?
나: 네, 저는 건강하게 잘 지냈어요.

가: 이 식당 음식이 다 맛있어 보여요.
나: 그러네요. 그럼 여기서 먹을까요?

- 그 동네의 건물은 대부분 오래되어 보여요.
- 오늘 민수 씨가 평소보다 피곤해 보여요.

형용사에 붙어 그 말처럼 느껴지거나 추측됨을 나타낸다.

형용사의 모음이 'ㅏ, ㅗ'이면 '-아 보이다', 모음이 'ㅓ, ㅜ, ㅡ, ㅣ'이면 '-어 보이다'를 쓰고 '하다'가 있으면 '-여 보이다'를 사용한다.

| ㅏ, ㅗ | -아 보이다 | 좋아 보이다 |
|---|---|---|
| ㅓ, ㅜ, ㅡ, ㅣ | -어 보이다 | 맛있어 보이다 |
| 하다 | -여 보이다 | 피곤해 보이다 |

### 문장을 만드세요.

보기 가방이 (무겁다) 무거워 보여요. 제가 들어 줄까요?

1. 음식이 (맵다) ______________________. 여기 물 좀 드세요.
2. 와, 저 차 굉장히 (비싸다) ______________________. 얼마일까요?
3. 오늘 신은 신발이 (불편하다) ______________________. 괜찮아요?
4. 태화 씨가 진짜 30살이에요? (어리다) ______________________. 고등학생처럼 보여요.

## 문법 연습

### 문장을 만드세요.

보기 아이 / 토끼 / 뛰다

➡ 아이가 토끼처럼 뛰어요.

1. 과일 / 꿀 / 달다

➡ ______________________.

2. 저 / 엄마 / 크고 싶다

➡ ______________________.

3. 다카시 씨 / 한국 사람 / 한국어를 하다

➡ ______________________.







### 대화를 만드세요.

보기 가: 이 영화 (재미있다) 재미있어 보여요.

나: 그렇죠? 같이 보러 갈래요?

1. 가: 마이 씨, 괜찮아요? (아프다) ______________________.

나: 감기에 걸린 것 같아요.

2. 가: 민수 씨, (덥다) ______________________.

나: 뛰어 와서 땀이 나요.

3. 가: 지금 여기 있는 사람들이 모두 (행복하다) ______________________.

나: 그렇네요. 영화 속 풍경 같아요.

## 대화를 잘 들으세요.

유 진: 다카시 씨, 덕수궁에 가 봤어요?

다카시: 덕수궁이요? 경복궁은 가 봤는데, 덕수궁은 아직이에요. 왜요?

유 진: 제가 주말에 덕수궁에 다녀왔는데 풍경이 아름답고 분위기가 좋았어요. 그래서 추천하고 싶어서요.

다카시: 그래요? 사진 있으면 보고 싶어요.

유 진: 여기 사진이요. 특히 덕수궁 안에 있는 카페가 좋았어요. 저랑 친구는 창가에 **앉아 있었는데** 경치가 정말 예뻤어요.

다카시: 와, 풍경이 **그림처럼** 예쁘네요. 디저트도 정말 **맛있어 보여요**.

유 진: 네, 커피도 맛있었지만 케이크가 진짜 맛있었어요. 주말에는 **비어 있는** 자리가 거의 없으니까 평일에 같이 가요.

다카시: 네, 좋아요.

## 질문에 대답하세요.

**1.** 유진 씨는 다카시 씨에게 어디를 추천했습니까?

**2.** 유진 씨가 간 카페는 어땠습니까?

# 대화

## 대화를 만드세요.

**마이**

앉다 + -아/어 있다 + -(으)ㄴ/는데

비다 + -아/어 있다 + -(으)ㄴ/는

**민수**

그림 +처럼

맛있다 + -아/어 보이다

맵다 + -아/어 보이다

마이: 민수 씨, 역 앞에 새로 생긴 식당에 가 봤어요?

민수: 새로 생긴 식당이요? 아직이에요. 왜요?

마이: 제가 주말에 그 식당에 다녀왔는데 음식이 맛있고 분위기가 좋았어요. 그래서 추천하고 싶어서요.

민수: 그래요? 사진 있으면 보고 싶어요.

마이: 여기 사진이요. 저랑 친구는 안쪽에 ______________________ 조용하고 분위기가 좋았어요.

민수: 와, 인테리어가 ______________________ 예쁘네요.

음식도 정말 ______________________.

그런데 이건 좀 ______________________.

마이: 네. 조금 맵지만 정말 맛있었어요. 저녁에는 ______________________ 자리가 거의 없으니까 예약을 하고 같이 가요.

민수: 네. 좋아요.

## 써 보세요.

**1.** 여러분의 동네에서 여러분이 제일 좋아하는 장소는 어디입니까?
그곳에는 무엇이 있습니까? 무엇이 보입니까? 그곳의 풍경을 그려 보세요.

**2.** 여러분 동네의 분위기는 어떻습니까? 위에서 그린 그림을 글로 표현해 보세요.

### 확인 점검

| | | | |
|---|---|---|---|
| 풍경과 분위기를 묘사할 수 있다. | ☐ | ☐ | ☐ |
| 둘 이상의 대상을 비교할 수 있다. | ☐ | ☐ | ☐ |

# 14 처음 한국에 왔을 때 실수를 많이 했어요

| | |
|---|---|
| 학습 목표 | 자신의 실수 경험에 대해 이야기할 수 있다. |
| 주제 | 실수 경험 |
| 어휘와 표현 | 실수, 높임 표현 |
| 문법 | 밖에, 께, -았/었을 때 |

위의 그림은 어떤 상황입니까?

여러분은 이런 경험이 있습니까?
그때 여러분은 뭐라고 이야기했습니까?

# 어휘 · 표현

## 알아보세요.

### 실수

잘못하다

실수하다

혼나다

사과하다

용서하다

싸우다

화해하다

## 높임 표현

성함

연세

댁

말씀

주무시다

돌아가시다

계시다

편찮으시다

드리다

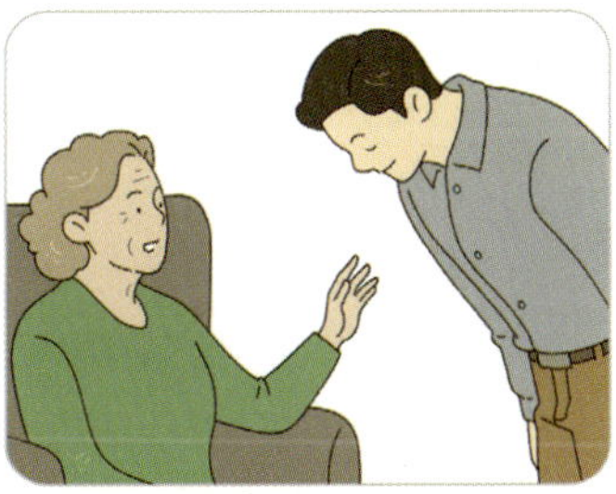

뵙다

모시다

# 어휘 · 표현

## 연결하세요.

| | | | |
|---|---|---|---|
| 보기 | 집 | • —— • | 댁 |
| 1. | 있다 | • | • 계시다 |
| 2. | 보다 | • | • 돌아가시다 |
| 3. | 주다 | • | • 말씀 |
| 4. | 죽다 | • | • 뵙다 |
| 5. | 말 | • | • 드리다 |

## 단어를 쓰세요.

보기

오늘 회사에서 일할 때 실수했어요.

1.

회사에서 실수를 해서 ____________________.

2.

어제 친구와 놀다가 ____________________.

3.

제가 ____________________. 정말 미안해요.

4.

제가 먼저 사과해서 친구와 ____________________.

## 밖에

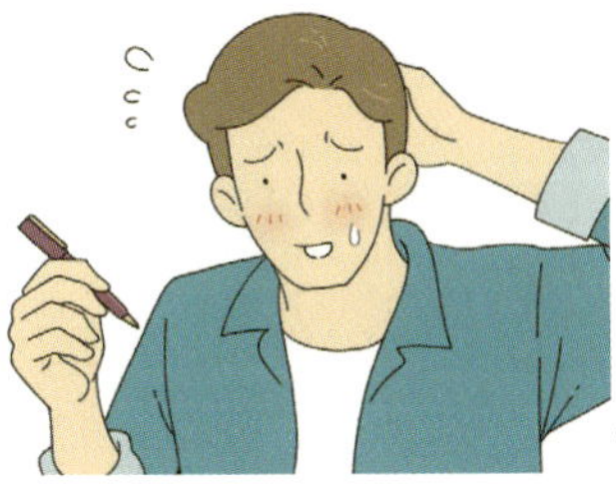

가: 펜 좀 빌려 주세요.
나: 어떡하죠? 제가 쓸 **펜밖에** 없어요.

가: 다카시 씨, 피곤해 보여요. 잠을 많이 못 잤어요?
나: 네, **두 시간밖에** 못 잤어요.

- 이건 세상에 **하나밖에** 없는 디자인이에요.
- 민수 씨는 아이스 **아메리카노밖에** 안 마셔요.

명사에 붙어 '그것 말고는'의 뜻을 나타낸다

명사에 받침이 있든 없든 '밖에'를 사용하며, 부정을 나타내는 말(안, 못, 없다, 모르다, 못하다)과 함께 쓰인다.

| | | |
|---|---|---|
| 받침 O | 밖에 | 조금밖에 |
| 받침 X | | 하나밖에 |

TIP! '만, 뿐이다'는 긍정문, 부정문에 모두 쓰인다.
예 교실에 저만 있어요. 저뿐이에요.

## 문장을 만드세요.

보기  가방 안에 지갑밖에 없어요.

1.  저는 고기는 ________________ 안 먹어요.

2. 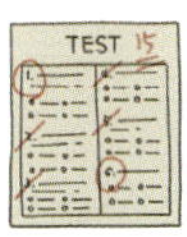

100점 만점에 ________________ 못 받았어요.

3. 

가지고 있는 돈이 ________________ 없었어요.

4.  제 남자 친구는 ________________ 모르는 사람이에요.

# 문법 2

## 께

가: 누구한테 편지를 써요?
나: 선생님께 편지를 쓰고 있어요.

가: 명절인데 부모님께 연락드렸어요?
나: 네, 오랜만에 영상 통화를 했어요.

- 아르바이트할 때 실수를 해서 사장님께 혼났어요.
- 다음 명절 때 할아버지께 용돈을 드릴 거예요.

명사에 붙어 행동의 영향을 받는 사람을 높인다.

명사에 받침이 있든 없든 '께'를 사용한다.

| 받침 O | 께 | 선생님께 |
|---|---|---|
| 받침 X | | 할아버지께 |

TIP! '께서'는 문장의 주어를 높인다.
예 할머니께서 주무십니다. 할아버지께서 편찮으십니다.
할아버지께서 저에게 선물을 주셨어요.
저는 할아버지께 선물을 받았어요.

## 문장을 만드세요.

보기 동생은 아직 ___부모님께___ 용돈을 받아요.
___부모님께서___ 동생에게 용돈을 주세요.

1. 모르는 문제가 있어서 선생님______________ 질문했어요.
2. 오늘 부모님______________ 할머니댁에 가셨어요.
3. 회사에서 팀장님______________ 저를 많이 도와주십니다.
4. 곧 일을 그만둘 거예요. 내일 사장님______________ 말씀드릴 거예요.
5. 감기에 걸려서 병원에 갔어요. 의사 선생님______________ 처방전을 받았어요.

## -았/었을 때

가: 아까 왜 전화를 안 받았어요?

나: 미안해요. 유미 씨가 **전화했을 때** 자고 있었어요.

가: 김치를 좋아해요?

나: 한국에 처음 **왔을 때**는 못 먹었는데 지금은 잘 먹어요.

- 저는 **어렸을 때**부터 선생님이 되고 싶었어요.
- 예전에 제가 **아팠을 때** 친구가 많이 도와줬어요.

동사, 형용사에 붙어 과거의 시간이나 어떤 동작이 완료된 상황을 나타낸다.

서술어의 마지막 모음이 'ㅏ, ㅗ'이면 '-았을 때', 모음이 'ㅓ, ㅜ, ㅡ, ㅣ'이면 '-었을 때'를 사용한다. '하다'가 있으면 '-였을 때'를 사용한다.

| | | |
|---|---|---|
| ㅏ, ㅗ | -았을 때 | 왔을 때 |
| ㅓ, ㅜ, ㅡ, ㅣ | -었을 때 | 어렸을 때 |
| 하다 | -였을 때 | 전화했을 때 |

TIP! '-(으)ㄹ 때'는 조건적인 상황을 나타낼 수 있다. 하지만 '-았/었을 때'는 특정 과거의 시점에 대해서만 사용한다.

예 저는 여행을 할 때 미리 계획을 세워요.
작년에 한국 여행을 했을 때 명동에 갔어요.

### 문장을 만드세요.

보기 장영 씨를 작년에 모임에서 처음 봤어요. 그때부터 좋아했어요.

➡ 장영 씨를 작년에 ___처음 봤을 때___부터 좋아했어요.

1. 며칠 전에 휴대폰을 잃어버렸어요. 그때 다카시 씨가 도와줬어요.
   ➡ 며칠 전에 휴대폰을 ______________________ 다카시 씨가 도와줬어요.
2. 3년 전에 할아버지께서 돌아가셨어요. 그때 너무 슬펐어요.
   ➡ 3년 전에 할아버지께서 ______________________ 너무 슬펐어요.
3. 지하철역에 도착했어요. 그때 지갑이 없는 것을 알았어요.
   ➡ 지하철역에 ______________________ 지갑이 없는 것을 알았어요.
4. 오늘 아침에 학교에 왔어요. 그때 교실에 아무도 없었어요.
   ➡ 오늘 아침에 ______________________ 교실에 아무도 없었어요.

# 문법 연습

## 문장을 만드세요.

보기 (동생) ___동생에게___ 옷을 선물하고 (부모님) ___부모님께___ 꽃을 선물할 거예요.

1. (교수님) ____________ 이메일을 드리고 (친구) ____________ 엽서를 보냈어요.

2. 회사 (후배) ____________ 전화하고, (사장님) ____________ 말씀드릴 거예요.

3. (어머니) ____________는 용돈을, (아버지) ____________는 선물을 드리려고 해요.





## 대화를 만드세요.

보기 가: (한국에 처음 오다) ___한국에 처음 왔을 때___ 기분이 어땠어요?

나: 정말 행복했어요.

1. 가: 지난번에 (보고서를 작성하다) ____________ 무엇이 어려웠어요?

   나: 처음부터 끝까지 한국어로만 글을 쓰는 것이 어려웠어요.

2. 가: 전에 (노트북이 고장나다) ____________ 어떻게 했어요?

   나: 오래되어서 그냥 새로 샀어요.

3. 가: 처음 (한글을 배우다) ____________ 어땠어요?

   나: 받침이 어려웠어요.

## 대화를 잘 들으세요.

마　이: 다카시 씨, 얼굴이 안 좋아 보여요. 무슨 일 있어요?

다카시: 어제 회사에서 거래처에 이메일을 보낼 때 실수를 했어요.

마　이: 아이고, 어떤 실수를 했어요?

다카시: 중요한 파일을 빼고 보냈어요. 그 사실을 전혀 모르고 있다가 회의 때 **부장님께** 혼났어요.

마　이: 그런 일이 있었군요. 그래서 어떻게 됐어요?

다카시: 회의 끝나고 거래처 **과장님께** 다시 이메일을 보내면서 사과드렸어요.

마　이: 괜찮아요. 누구나 실수할 수 있어요. 저도 처음 일을 **배웠을 때** 실수를 많이 했어요.

다카시: 다음에는 메일을 보내기 전에 잘 확인하려고 해요.

마　이: 맞아요. 실수를 안 하려면 여러 번 확인하는 **방법밖에** 없어요.

다카시: 고마워요. **마이 씨밖에** 없네요.

## 질문에 대답하세요.

**1.** 다카시 씨는 무슨 실수를 했습니까?

**2.** 다카시 씨는 앞으로 어떻게 하려고 합니까?

# 대화

## 대화를 만드세요.

**다카시**

부장님 + 께

말씀하시다 + -았/었을 때

**유진**

처음 한국어를 배우다 + -았/었을 때

연습하는 방법 + 밖에

유 진: 다카시 씨, 얼굴이 안 좋아 보여요. 무슨 일 있어요?

다카시: 어제 회사에서 높임말 실수를 했어요.

유 진: 아이고, 무슨 단어였어요?

다카시: 저는 '뵙다'를 몰랐어요.

그래서 저는 거래처 ______________________

"다음에 봐요."라고 했어요.

유 진: 그런 일이 있었군요. 그래서 어떻게 했어요?

다카시: 거래처 부장님이 "네, 다음에 뵙겠습니다."라고

______________________ 이상한 것을 알았어요.

그래서 바로 사과했어요.

유 진: 괜찮아요. 누구나 실수할 수 있어요.

저도 ______________________ 실수를 많이 했어요.

다카시: 이번 기회에 높임말을 조금 더 열심히 공부하려고 해요.

유 진: 좋은 생각이에요.

높임말을 잘하려면 계속 ______________________ 없어요.

## 써 보세요.

1. 여러분은 한국어를 배우면서 실수한 적이 있습니까?
   언제, 어떤 상황에서, 어떻게 잘못 말했습니까? 메모해 보세요.

2. 위에서 메모한 실수 중 한 가지에 대해 자세하게 써 보세요.



**확인 점검**

| | | | |
|---|---|---|---|
| 자신의 실수 경험에 대해 이야기할 수 있다. | ☐ | ☐ | ☐ |
| 상황에 맞는 높임 표현을 사용할 수 있다. | ☐ | ☐ | ☐ |

# 15 문화와 복습 2

**학습 목표** 한국의 지리와 지형에 대해 이해할 수 있다.

여러분은 산과 바다 중 어느 곳을 더 좋아합니까?

산이나 바다와 같은 자연을 즐긴 경험에 대해 이야기해 봅시다.

# 문화

## 읽어 보세요.

### 한국의 지리와 지형

한국은 산과 바다가 어우러진 아름다운 나라입니다. 한국은 아시아 동쪽에 있는데 삼면이 바다로 둘러싸여 있고 국토의 약 70%가 산으로 이루어져 있습니다.

먼저 한국의 동쪽 바다인 동해는 물이 깊고 맑아서 여름에 해수욕하러 찾는 사람들이 많습니다. 세계적으로 유명한 해운대 해수욕장(Haeundae Beach)뿐만 아니라 강릉(Gangneung)이나 속초(Sokcho)에 있는 해수욕장이 인기가 많습니다. 한국 남쪽의 남해에는 섬이 많아서 '다도해(Dadohaehaesang National Park)'라고 불립니다. 통영(Tongyeong), 여수(Yeosu), 거제(Geoje Island) 같은 지역에서는 배를 타고 섬 사이를 여행하며 아름다운 바다 풍경을 감상할 수 있습니다. 서쪽의 서해는 물이 얕고 갯벌이 넓게 펼쳐져 있어, 조개나 게 같은 해산물을 직접 잡는 체험을 할 수 있습니다. 특히 갯벌 체험은 아이들과 함께 즐기기에 좋은 활동이며, 서해안은 해가 지는 무렵의 일몰 풍경으로도 유명합니다.

또한, 한국에는 아름다운 산도 아주 많습니다. 서울 근처에는 북한산(Mt. Bukhansan)이 있는데 서울 시민들이 주말에 자주 찾는 산입니다. 길이 잘 정비되어 있어서 많은 사람들이 건강도 챙기고 자연도 즐길 수 있습니다. 남쪽에 있는 지리산(Mt.

Jirisan)은 자연이 잘 보존되어 있고 공기가 맑아서 울창한 숲과 다양한 동식물을 볼 수 있습니다. 특히 며칠 동안 걸을 수 있는 긴 등산 코스가 있어서 등산을 좋아하는 사람들에게 인기가 많습니다. 게다가 가을이 되면 단풍이 아름답게 물드는 내장산(Mt. Naejangsan)을 찾는 사람들도 많습니다. 붉고 노란 단풍과 함께 전통 사찰의 풍경이 어우러져서 사진을 찍거나 조용히 산책하기에 좋습니다. 그리고 제주도(Jeju Island)에 있는 한라산(Mt. Hallasan)도 아주 유명합니다. 겨울이 되면 하얀 눈이 산 전체를 덮어서 눈 속을 걸으며 등산을 즐길 수 있습니다.

이처럼 한국의 산과 바다에서는 사계절마다 다른 풍경을 볼 수 있습니다. 그리고 산에는 등산로가 잘 만들어져 있고, 바다 근처에도 공원이나 산책로가 많이 있어서 가까이에서 쉽게 자연을 즐길 수 있습니다.

## 질문에 대답하세요.

**1.** 이 글에서 소개한 동해, 남해, 서해는 각각 어떤 특징이 있습니까?

**2.** 이 글에서 소개한 한국의 산에서 할 수 있는 활동에는 무엇이 있습니까?

**?**

여러분 나라에서 소개하고 싶은 산이나 바다가 있습니까? 이야기해 보세요.

# 복습

## 다음 문제를 풀어 보세요.

**※ [1~2] 그림을 보고 (        )에 알맞은 것을 고르십시오.**

**1.**

가: 제가 좀 도와줄까요?

나: 고마워요. 이것 좀 (                    ) 주세요.

① 들어　　② 빌려　　③ 번역해　　④ 설명해

**2.**

가: 민호 씨는 친구가 정말 많은 것 같아요.

나: 맞아요. 민호 씨가 아주 (                    ).

① 성실해요　　② 내성적이에요　　③ 사교적이에요　　④ 소극적이에요



**※ [3~5] 밑줄 친 부분과 반대되는 뜻을 가진 것을 고르십시오.**

**3.**

가: 다음 주가 시험인데 공부 많이 했어요?

나: 아니요. 그래서 요즘 너무 스트레스를 받아요.

① 스트레스가 쌓여요　　② 스트레스가 풀려요

③ 스트레스가 있어요　　④ 스트레스가 많아요

**4.**

가: 새로 생긴 카페에 가 봤어요?

나: 어제 가 봤는데 인테리어가 세련되고 분위기도 좋았어요.

① 새롭고　　② 가득하고　　③ 촌스럽고　　④ 깔끔하고

**5.**

가: 무슨 일이 있어요? 표정이 안 좋네요.

나: 오늘 아침에 동생하고 싸웠어요.

① 혼났어요　　② 용서했어요　　③ 실수했어요　　④ 화해했어요

## 메모

## 발음 팁

### 한국어의 연음 규칙 2 (겹받침)

겹받침이 모음으로 시작된 조사나 어미, 접미사와 결합되는 경우에는 두 번째 자음을 뒤 음절 첫소리로 발음합니다. 그리고 이때 'ㅅ'은 [ㅆ]로 발음합니다.

모음으로 시작하는 조사는 '이', '에', '에서', '으로' 등이 있고, 모음으로 시작하는 어미는 '-어서', '-을 때', '-으니까', '-으면' 등이 있습니다.

| | | | | |
|---|---|---|---|---|
| 값 | + | 이 | → | [갑**씨**] |
| 넋 | + | 이 | → | [넉**씨**] |
| 곬 | + | 이 | → | [골**씨**] |
| 닭 | + | 을 | → | [달**글**] |
| 젊- | + | 어 | → | [절**머**] |
| 핥- | + | 아 | → | [할**타**] |
| 읊- | + | 을 때 | → | [을**플** 때] |
| 없- | + | 으면 | → | [업:**쓰**면] |
| 앉- | + | 아서 | → | [안**자**서] |

그런데 아래와 같이 잘못 발음할 때가 많기 때문에 주의해야 합니다.

| 예 | 잘못된 발음 (X) | → | 표준 발음 (O) |
|---|---|---|---|
| 닭이 | [다기] | → | [달기] |
| 닭을 | [다글] | → | [달글] |
| 여덟이 | [여더리] | → | [여덜비] |
| 여덟을 | [여더를] | → | [여덜블] |

# 16 종합 연습



## 다음 문제를 풀어 보세요

**※ [1-6] 다음은 무엇에 대한 내용입니까? 알맞은 것을 고르십시오.**

**1.** 저는 하늘색하고 분홍색을 아주 좋아해요.

① 운동 ② 색깔 ③ 날씨 ④ 예절

**2.** 다카시 씨는 학교 수업이 끝난 후에 식당에서 서빙합니다.

① 길 ② 약국 ③ 요리 ④ 아르바이트

**3.** 내일은 비가 오니까 긴팔 셔츠와 재킷을 입는 게 어때요?

① 옷 ② 돈 ③ 야채 ④ 신체

**4.** 오늘은 10월 27일이에요. 그리고 이틀 후는 10월 29일이에요.

① 청소 ② 이름 ③ 날짜 ④ 직업

**5.** 중간고사 성적을 잘 받았습니다. 기말고사도 잘 보고 싶습니다.

① 맛 ② 숫자 ③ 계절 ④ 시험

**6.** 제 친구는 사교적이고 활발한 편이지만 저는 그렇지 않습니다.

① 장소 ② 성격 ③ 초대 ④ 국적

※ [7-20] (    )에 들어갈 말로 가장 알맞은 것을 고르십시오.

7. 아침밥을 너무 많이 먹어서 (            )이/가 아픕니다.

① 눈 ② 코 ③ 발 ④ 배

8. 가: 오랜만이에요. 그동안 잘 지냈어요?
나: 네, (            ) 없었어요.

① 별일 ② 요일 ③ 비교 ④ 도움

9. 김치찌개를 만들 때 (            )(으)로 마늘, 고춧가루가 필요합니다.

① 색깔 ② 약국 ③ 양념 ④ 인사

10. 똑바로 가세요. 그리고 횡단보도가 보이면 횡단보도를 (            ).

① 건너세요 ② 나가세요 ③ 올라가세요 ④ 회전하세요

11. 요즘 회사에 일이 많아서 스트레스를 많이 (            ).

① 옵니다 ② 받습니다 ③ 쌓입니다 ④ 풀립니다

12. 아이들은 아이스크림을 먹고, 할아버지께서는 커피를 (            ).

① 드립니다 ② 드십니다 ③ 주무십니다 ④ 말씀하십니다

13. 벌써 여름 방학이 끝났습니다. 다음 주에 (            ).

① 개강합니다 ② 종강합니다 ③ 시험을 봅니다 ④ 성적이 나옵니다

14. 민수 씨는 매일 아침 커피(            ) 차를 마십니다.

① 가 ② 나 ③ 도 ④ 로

# 종합 연습

**15.** 주말에 여행을 갔는데 풍경이 그림(　　　　) 아름다웠어요.

① 처럼　② 마다　③ 밖에　④ 이나

**16.** 5월 8일은 어버이날입니다. 저는 부모님(　　　　) 편지를 드릴 것입니다.

① 께　② 께서　③ 밖에　④ 부터

**17.** 가: 이게 뭐예요?
나: 내일 점심에 (　　　　) 샐러드예요.

① 먹는　② 먹은　③ 먹을　④ 먹었을

**18.** 작년부터 한국어를 공부했습니다. 한국어를 (　　　　) 1년이 되었습니다.

① 공부하기　② 공부하게　③ 공부한 지　④ 공부하려고

**19.** 이번 주말에는 친구와 박물관에 갔습니다.
다음 주말에는 미술관에 (　　　　).

① 가지 마세요　② 가는 중입니다　③ 가는 편입니다　④ 가려고 합니다

**20.** 가: 기분 좋은 일 있어요? 얼굴이 (　　　　).
나: 네, 오늘 월급을 받았어요.

① 좋으려고　② 좋으면서　③ 좋아 보여요　④ 좋으면 돼요

**※ [21-26] 다음을 읽고 내용이 같은 것을 고르십시오.**

**21.**

다카시 씨는 방학마다 고향에 갑니다. 보통 비행기를 타고 가는데 이번 방학에는 배를 타고 가려고 합니다. 고향에 가기 전에 부산 여행을 할 계획입니다.

① 다카시 씨는 고향에 거의 안 갑니다.
② 이번에 비행기를 타고 고향에 갑니다.
③ 이번 방학에는 부산 여행도 할 겁니다.
④ 고향에 다녀오고 나서 부산에 갈 겁니다.

**22.**

학교 근처 지하철역에서 나오면 바로 앞에 카페가 있습니다. 저는 보통 학교에 가기 전에 이 카페에서 커피를 삽니다. 카페를 지나서 조금만 더 가면 마트가 있습니다. 마트 맞은편에는 샐러드 가게도 있습니다.

① 학교 근처에 마트가 없습니다.
② 학교 근처 지하철역과 카페가 가깝습니다.
③ 카페의 맞은편에 샐러드 가게가 있습니다.
④ 저는 보통 수업이 끝난 후에 카페에 갑니다.

**23.**

어제부터 몸이 안 좋습니다. 아마 감기에 걸린 것 같습니다. 요즘 날씨가 따뜻한데 저는 하루 종일 춥습니다. 목이 따갑고 콧물도 조금 납니다. 내일 아침에 일어나면 약국에 먼저 가볼까 합니다.

① 오늘 병원에 다녀왔습니다.
② 어제부터 재채기를 합니다.
③ 저는 춥고 눈이 따갑습니다.
④ 내일 약국에 갈 생각입니다.

# 종합 연습

**24.**

저는 집에서 요리를 자주 합니다. 제가 가장 좋아하는 음식은 떡국입니다. 떡국의 재료는 떡, 소고기, 계란, 파 그리고 소금과 간장입니다. 먼저 냄비에 물을 끓입니다. 물이 끓으면 떡을 넣습니다. 소고기와 계란은 따로 볶아서 준비합니다.

① 집에서 음식을 가끔 만듭니다.
② 저는 떡국을 아주 좋아합니다.
③ 떡을 먼저 넣고 볶아야 합니다.
④ 떡국에 계란을 함께 넣고 끓입니다.

**25.**

며칠 전부터 제 컴퓨터에 문제가 생겼습니다. 컴퓨터가 켜지지 않습니다. 공부할 때 컴퓨터가 필요한데 컴퓨터를 쓸 수 없어서 너무 불편합니다. 인터넷 고객 센터로 문의했지만 아직 답을 받지 못했습니다. 문제를 해결하기 위해 지금 고객 센터에 가는 중입니다.

① 제 컴퓨터가 꺼지지 않습니다.
② 저는 컴퓨터를 잃어버렸습니다.
③ 인터넷으로 문의하려고 합니다.
④ 아직 문제를 해결하지 못했습니다.

**26.**

처음 뵙겠습니다. 저는 프랑스에서 온 소렌이라고 합니다. 한국 역사에 관심이 많아서 한국어를 전공하고 있습니다. 제 취미는 외국어 공부입니다. 영어와 일본어도 공부하고 있습니다. 저는 사교적인 편은 아니지만 친해지면 말을 많이 합니다. 여러분들과도 빨리 친해지고 싶습니다.

① 소렌의 전공은 영어입니다.
② 소렌은 사교적인 성격입니다.
③ 소렌은 케이팝에 관심이 있습니다.
④ 소렌은 친해지고 나서 말이 많아집니다.

※ [27-32] 다음을 읽고 중심 내용을 고르십시오.

**27.**

날씨가 많이 추워져서 겨울옷을 사고 싶습니다. 요즘 검은색 재킷을 자주 입는데 더 따뜻한 옷이 필요합니다. 그래서 갈색 코트와 빨간색 니트를 살까 합니다.

① 겨울옷을 벌써 샀습니다.
② 빨간색 코트를 살까 합니다.
③ 따뜻한 옷을 사려고 합니다.
④ 검은색 재킷을 사고 싶습니다.

**28.**

마이 씨, 미안하지만 이번 주말에 이사를 도와줄 수 없을 것 같아요. 이번 주부터 회사에서 새로운 프로젝트가 시작되었어요. 그래서 갑자기 너무 바빠졌어요. 부탁을 거절해서 미안해요.

① 제가 마이 씨에게 부탁을 합니다.
② 마이 씨는 제 부탁을 거절했습니다.
③ 저는 주말에 마이 씨를 도와주려고 합니다.
④ 저는 마이 씨의 부탁을 들어 줄 수 없습니다.

**29.**

저는 스무살 때 식당에서 서빙을 한 적이 있습니다. 일이 쉽지 않았기 때문에 금방 그만두었습니다. 그다음에 학교 도서관에서 아르바이트를 시작했습니다. 매주 토요일에 오전 9시부터 오후 5시까지 일했습니다.

① 저는 식당에서 오래 일했습니다.
② 식당 아르바이트는 재미있었습니다.
③ 저는 아르바이트를 해본 적이 없습니다.
④ 저는 학교 도서관에서 아르바이트를 했습니다.

# 종합 연습

**30.**

지연 씨는 취업 준비 때문에 스트레스가 많습니다. 점점 스트레스가 쌓여서 잠도 잘 못 잤습니다. 스트레스를 해소하기 위해 운동을 시작했습니다. 규칙적으로 운동을 하니까 몸도 건강해지고 마음도 편안해졌습니다.

① 지연 씨는 잠을 자지 않습니다.
② 지연 씨는 운동 때문에 피곤해졌습니다.
③ 지연 씨는 운동을 하고 스트레스가 풀렸습니다.
④ 지연 씨는 스트레스를 받아서 운동을 그만두었습니다.

**31.**

저는 금요일 밤에 친구와 한강에 갔습니다. 강 근처에는 사람들이 많이 있었는데 모두 즐거워 보였습니다. 밤이지만 다리 위의 불빛이 아주 밝아서 잘 보였습니다. 야경이 정말 그림처럼 아름다웠습니다.

① 한강은 낮보다 어두웠습니다.
② 친구와 한강에서 운동을 했습니다.
③ 한강의 밤 풍경이 아름다웠습니다.
④ 강 근처에 사람이 거의 없었습니다.

**32.**

유진 씨는 어제 친구와 싸웠을 때 화가 많이 났습니다. 그런데 집에 돌아와서 생각해 보니까 친구에게 미안했습니다. 오늘 아침에 친구에게 전화를 해서 사과했습니다. 친구도 기분이 괜찮아져서 두 사람은 화해했습니다.

① 친구는 아직 화가 나 있습니다.
② 유진 씨는 친구가 잘못했다고 생각합니다.
③ 유진 씨는 친구를 다시 만나지 않을 겁니다.
④ 유진 씨가 친구에게 사과하고 화해했습니다.

**※ [33-35] 다음을 읽고 물음에 답하십시오.**

다카시 씨에게

다카시 씨, 오랜만이에요. 제가 이 동네로 이사 온 지 벌써 1년이 되었어요. 시간이 참 빠르지요? 그동안 어떻게 지냈어요? 저는 ( ). 새로운 직장에 들어갔고, 친구도 많이 사귀었어요. 좋아하는 카페와 자주 가는 식당도 생겼어요. 주말마다 좋아하는 카페에서 커피를 마시면서 공부를 하거나 책을 읽어요. 일주일 중 제가 제일 좋아하는 시간이에요. 그리고 다음 달부터는 운동을 시작할까 해요. 태권도를 배워보고 싶어요. 다카시 씨는 요즘 무엇을 하면서 시간을 보내요? 답장 보내주세요.

미영

**33. ( )에 들어갈 말로 가장 알맞은 것을 고르십시오.**

① 잘 못 지내요
② 잘 지내고 있어요
③ 얼굴이 좋아 보여요
④ 얼굴이 안 좋아 보여요

**34. 윗글의 내용과 다른 것을 고르십시오**

① 미영 씨는 1년 전에 이사했습니다.
② 미영 씨는 회사를 옮기려고 합니다.
③ 미영 씨는 태권도를 배워볼까 합니다.
④ 미영 씨는 매주 주말에 카페에 갑니다.

**35. 이 사람은 카페에서 무엇을 합니까?**

① 공부를 하거나 책을 읽습니다.
② 커피를 마시거나 친구를 사귑니다.
③ 커피를 마시면서 친구를 사귑니다.
④ 친구를 사귀거나 태권도를 배웁니다.

# 부록

# 모범 답안

## 1과

### ■ 어휘와 표현

◎ 단어를 쓰세요.

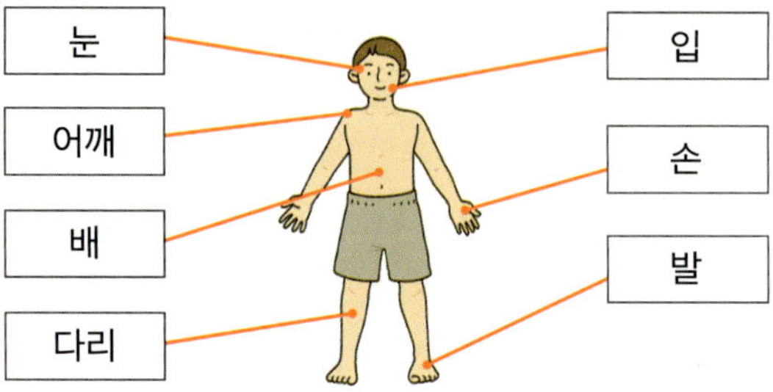


◎ 연결하세요.

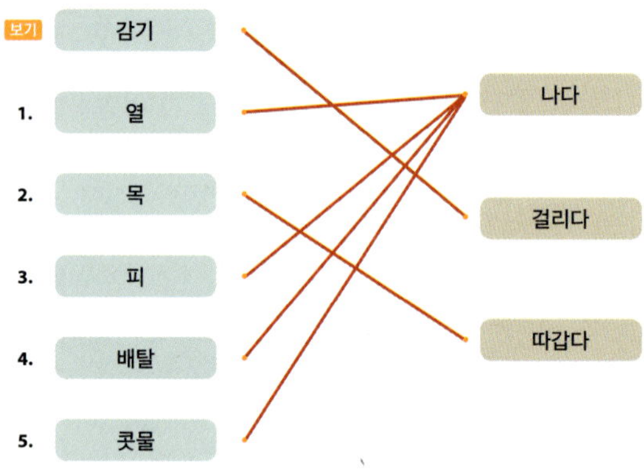


### ■ 문법 1

◎ 문장을 만드세요.

1. 수영하지 마세요
2. 주차하지 마세요
3. 버리지 마세요
4. 피우지 마세요

### ■ 문법 2

◎ 문장을 만드세요.

1. 마셔도 돼요
2. 주차해도 돼요
3. 먹어도 돼요
4. 타도 돼요

### ■ 문법 3

◎ 문장을 만드세요.

1. 자는 동안(에)
2. 요리하는 동안(에)
3. 먹는 동안(에)
4. 주말 동안(에)

### ■ 문법 연습

◎ 문장을 만드세요.

1. 아빠가 신문을 보는 동안에 저는 음악을 들었어요
2. 친구가 운동하는 동안에 저는 사진을 찍었어요
3. 동생이 노는 동안에 저는 청소를 했어요

◎ 대화를 만드세요.

1. 전화해도 돼요, 전화하지 마세요
2. 마셔도 돼요, 버리지 마세요
3. 만나도 돼요, 말하지 마세요

### ■ 대화

◎ 질문에 대답하세요.

1. 마이 씨는 지금 병원에 있습니다.
2. 약을 먹는 동안 차가운 것을 먹으면 안 됩니다.

◎ 대화를 만드세요.

의사: 어디가 아파서 왔어요?
다카시: 배가 아프고 설사를 해요.
의사: 배탈이에요. 약을 먹고 푹 쉬세요. 그리고 매운 것은 먹지 마세요.
다카시: 커피를 마셔도 돼요?
의사: 약을 먹는 동안에 커피는 마시지 마세요.
다카시: 네, 알겠습니다.
의사: 병원 1층에 약국이 있어요. 처방전을 들고 거기로 가세요.

## 2과

### ■ 어휘와 표현

◎ 단어를 쓰세요..

1. 월급
2. 배달
3. 그만둘 거예요
4. 서빙
5. 음료

◎ 연결하세요.

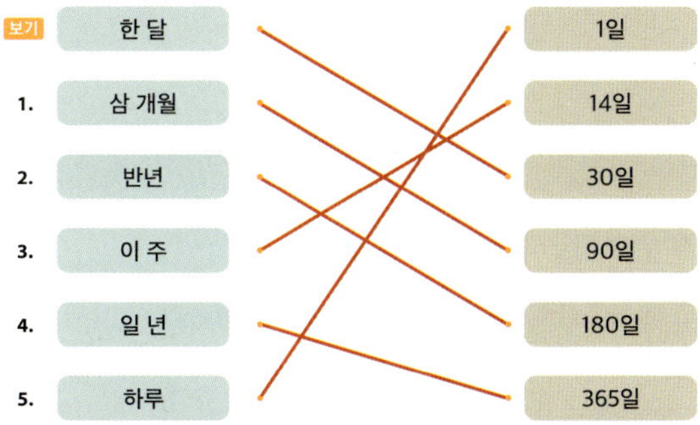


## ■ 문법 1

◎ 문장을 만드세요.

1. 이 회사에 다닌 지 3년이 되었어요
2. 여행을 다녀온 지 2주가 지났어요
3. 그 이야기를 들은 지 하루도 안 지났어요
4. 감기에 걸린 지 일주일 정도 되었어요

## ■ 문법 2

◎ 문장을 만드세요.

1. 한복을 입은 적이 있어요
2. 만든 적이 없어요
3. 부른 적이 있어요
4. 아르바이트를 한 적이 없어요

## ■ 문법 3

◎ 문장을 만드세요.

1. 김밥은 만들기 쉬워요
2. 그 식당은 혼자 밥 먹기 좋아요
3. 비 오는 날은 운전하기 어려워요
4. 월요일 아침은 회사에 가기 싫어요

## ■ 문법 연습

◎ 대화를 만드세요.

1. 노래방에 간 적이 없어요
2. 한복을 입은 적이 있어요
3. 외국에서 산 적이 없어요

◎ 대화를 만드세요.

1. 남자친구를 사귄 지 2년이 되었어요
2. 새 휴대폰을 산 지 일주일이 되었어요
3. 지금 회사에서 일한 지 1년 반이 되었어요

## ■ 대화

◎ 질문에 대답하세요.

1. 다카시 씨가 아르바이트 면접을 보고 있습니다.
2. 네, 고향에 있는 식당에서 일한 적이 있습니다.

◎ 대화를 만드세요.

사장: 한국에 온 지 얼마나 되었어요?
안나: 한국에 온 지 1년 6개월이 되었습니다.
사장: 카페 아르바이트를 한 적이 있어요?
안나: 아니요, 카페에서 일한 적이 없습니다. 하지만 고향에 있는 식당에서 3년 동안 일했습니다.
사장: 카페에서 아르바이트하기 쉽지 않을 거예요. 자신 있어요?
안나: 그럼요. 자신 있습니다.
사장: 좋아요. 같이 일해 봅시다. 언제부터 일할 수 있어요?
안나: 감사합니다. 내일부터 바로 일할 수 있습니다.

# 3과

## ■ 어휘와 표현

◎ 연결하세요.

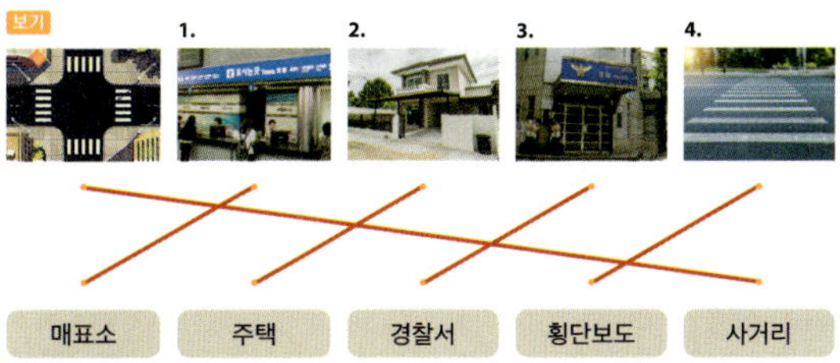


◎ 단어를 쓰세요.

1. 길을 건너세요
2. 올라가세요
3. 들어가세요
4. 오른쪽으로 가세요

## ■ 문법 1

◎ 문장을 만드세요.

1. 저녁 식사를 준비하다가
2. 이 길을 똑바로 가다가
3. 해외에서 살다가

4. 편의점 아르바이트를 하다가

■ 문법 2

◎ 문장을 만드세요.

1. 영화를 보기 전에
2. 잠을 자기 전에
3. 밥을 먹기 전에

■ 문법 3

◎ 문장을 만드세요.

1. 버스에서 내리고 나서
2. 디저트를 먹고 나서
3. 숙제를 다 하고 나서
4. 친구들과 헤어지고 나서

■ 문법 연습

◎ 대화를 만드세요.

1. 출근하기 전에 커피를 마셔요
2. 운동하기 전에 샤워를 해요.
3. 친구를 만나기 전에 집 청소를 해요.

◎ 대화를 만드세요.

1. 자전거를 타다가
2. 아침에는 맑다가
3. 밥을 먹다가

■ 대화

◎ 질문에 대답하세요.

1. 두 사람은 영화관에서 만났습니다.
2. 영화를 보고 나서 밥을 먹으러 갈 것입니다.

◎ 대화를 만드세요.

다카시: 저기요, 죄송하지만 이 근처에 은행이 어디에 있는지 아세요?

아주머니: 네. 저기 건너편에 있는 큰 건물 1층이에요. 이쪽으로 곧바로 가다가 횡단보도에서 길을 건너세요.

다카시: 네, 알겠습니다. 감사합니다.

(잠시 후)

다카시: 민수 씨, 많이 기다렸지요?

민수: 아니에요. 다카시 씨가 도착하기 전에 제가 번호표를 뽑았어요.

다카시: 정말요? 고마워요. 그럼 통장을 만들고 나서 제가 맛있는 식사를 살게요.

민수: 네, 좋아요. 조금 있으면 다카시 씨 순서예요.

다카시: 네, 알았어요.

## 4과

■ 어휘와 표현

◎ 연결하세요.

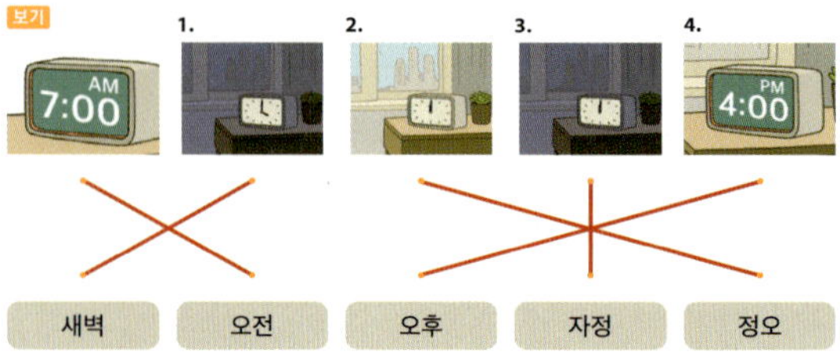


◎ 단어를 쓰세요.

1. 봤어요/쳤어요
2. 잘 받을 거예요
3. 종강했어요
4. 개강해요

■ 문법 1

◎ 문장을 만드세요.

1. 아침마다
2. 화요일마다
3. 30분마다
4. 4년마다

■ 문법 2

◎ 대화를 만드세요.

1. 버스를 타거나 걸어서
2. 시험공부하거나 운동할 거예요
3. 눈이나 비
4. 사과나 바나나

■ 문법 3

◎ 문장을 만드세요.

1. 자주 통화하려고 해요
2. 아르바이트를 그만두려고 해요
3. 아르바이트를 찾으려고 해요
4. 한국 노래를 들으려고 해요

## ■ 문법 연습

◎ 문장을 만드세요.

1. 주말마다 친구를 만나려고 해요
2. 아침마다 샐러드를 먹으려고 해요
3. 저녁마다 한국어 말하기 연습을 하려고 해요

◎ 대화를 만드세요.

1. 버스나 지하철
2. 부산이나 서울
3. 낮잠을 자거나 드라마를 봐요

## ■ 대화

◎ 질문에 대답하세요.

1. 여름 방학(휴가) 계획에 대해 이야기하고 있습니다.
2. 카페에서 공부하거나 과제하는 학생들이 많습니다.

◎ 대화를 만드세요.

유진: 요즘 너무 춥네요. 다카시 씨, 방학했어요?

다카시: 과제는 다 끝났지만 기말고사가 아직 남았어요.

유진: 아, 그래서 가는 곳마다 학생들이 공부를 하고 있었군요.

다카시: 맞아요. 아직 시험 기간이라서 시험공부를 하거나 과제를 하는 학생들이 많아요.

유진: 다카시 씨는 방학하면 고향에 갈 거예요?

다카시: 아니요, 이번 방학에는 한국에서 계속 아르바이트를 하려고 해요. 유진 씨는요?

유진: 그래요? 저는 방학은 없지만 연말에 오랜만에 여행을 가려고 해요.

다카시: 우와, 부러워요. 잘 다녀오세요.

# 5과

## ■ 어휘와 표현

◎ 어디에서 타요? 연결하세요.

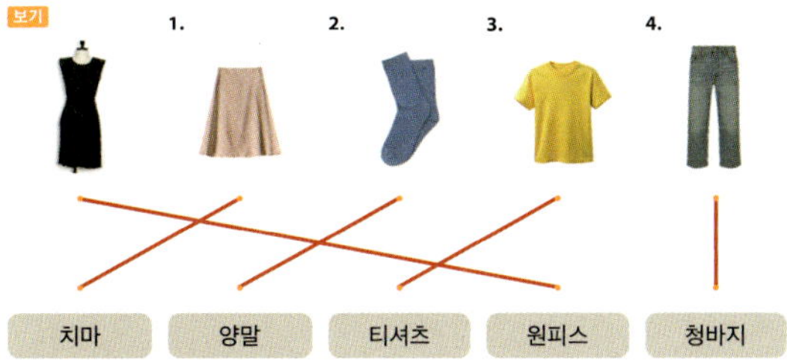


◎ 단어를 쓰세요.

1. 흰색 셔츠
2. 초록색 원피스
3. 갈색 코트
4. 분홍색 운동화

## ■ 문법 1

◎ 문장을 만드세요.

1. 이 노래를 들으니까
2. 하늘색을 좋아하니까
3. 이 신발은 불편하니까
4. 다음 주가 시험이니까

## ■ 문법 2

◎ 대화를 만드세요.

1. 일찍 자는 게 어때요
2. 입어 보는 게 어때요
3. 택시를 타는 게 어때요
4. 커피를 마시는 게 어때요

## ■ 문법 3

◎ 문장을 만드세요.

1. 씻고 있는 것 같아요
2. 시험 기간인 것 같아요
3. 많이 아픈 것 같아요
4. 고향에 가는 것 같아요

## ■ 문법 연습

◎ 대화를 만드세요.

1. 유명한 가게인 것 같아요
2. 공사를 하는 것 같아요

# 모범 답안

3. 설탕을 많이 넣은 것 같아요

◎ **대화를 만드세요.**

1. 예) 병원에 가는 게 어때요?
2. 예) 에어컨을 켜는 게 어때요?
3. 예) 버스를 타는 게 어때요?

## ■ 대화

◎ **질문에 대답하세요.**

1. 친구의 결혼식이 있어서 옷을 사려고 합니다.
2. 마이 씨는 파란색 원피스를 입어 봤습니다.

◎ **대화를 만드세요.**

민수: 오늘 무슨 옷을 살 거예요?
다카시: 다음 주에 회사 면접이 있어요. 그래서 정장을 좀 사려고 해요.
민수: 회사 면접이니까 검은색이나 회색 정장이 좋을 것 같아요.
다카시: 역시 그렇지요? 이 검은색 정장은 어때요?
민수: 괜찮네요. 한번 입어 보는 게 어때요?
다카시: 네, 한번 입어 볼게요.
민수: 역시 잘 어울리네요. 그런데 다카시 씨한테 조금 작은 것 같아요.
다카시: 네, 그럼 한 사이즈 큰 것도 입어 볼게요.

# 6과

## ■ 어휘와 표현

◎ **연결하세요.**

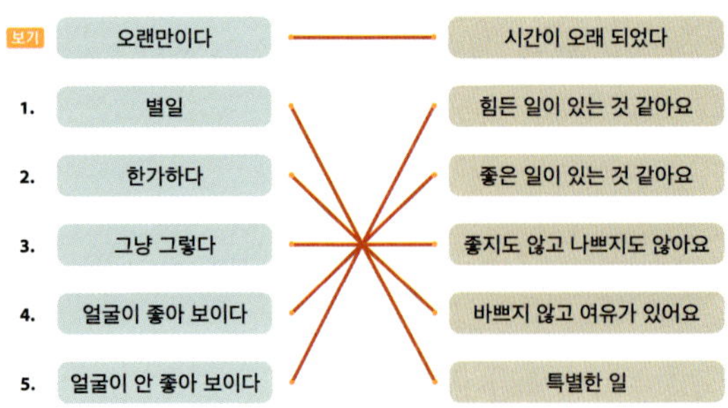


◎ **문장을 만드세요.**

1. 친구를 사귀었어요
2. 일자리를 알아보고 있어요
3. 회사를 옮기고 싶어요
4. 일을 잠시 쉬고 있어요

## ■ 문법 1

◎ **문장을 만드세요.**

1. 경복궁에 갔는데
2. 편의점에 갈 건데
3. 다리가 아픈데
4. 여기는 제가 자주 가는 식당인데

## ■ 문법 2

◎ **문장을 만드세요.**

1. 등산할까 해요
2. 수영할까 해요
3. 꽃을 선물할까 해요
4. 라면을 먹을까 해요

## ■ 문법 3

◎ **문장을 만드세요.**

1. 종류가 다양하면서
2. 날씨가 더우면서
3. 일을 잠시 쉬면서
4. 책을 읽으면서

## ■ 문법 연습

◎ **대화를 만드세요.**

1. 안 좋아하는데
2. 집에 재료가 없는데
3. 가격도 싼데

◎ **문장을 만드세요.**

1. 친구를 기다리면서 단어를 외울까 해요
2. 친구와 전화하면서 음식을 만들까 해요
3. 음악을 들으면서 산책을 할까 해요

## ■ 대화

◎ **질문에 대답하세요.**

1. 민수 씨는 요즘 회사를 옮길까 합니다.
2. 일을 잠시 쉬면서 일자리를 찾아보려고 합니다.

◎ **대화를 만드세요.**

다카시: 유진 씨, 오랜만이에요. 그동안 잘 지냈어요?
유진: 네, 잘 지냈어요. 요즘 비가 많이 오는데 다카시 씨는 별일 없이 잘 지내고 있어요?
다카시: 네. 저는 얼마 전에 아르바이트를 그만뒀

어요.
유진: 왜요? 식당에서 무슨 일이 있었어요?
다카시: 아니요. 조금 있으면 졸업인데 취업 준비를 더 열심히 할까 해요
유진: 그래요? 취업 준비는 어렵지 않아요?
다카시: 아직은 괜찮아요. 인터넷 강의를 들으면서 공부를 하고 있어요.
유진: 그렇군요. 다카시 씨는 잘할 수 있을 거예요.
다카시: 고마워요.

## 7과

### ■ 어휘와 표현

◎ 연결하세요.

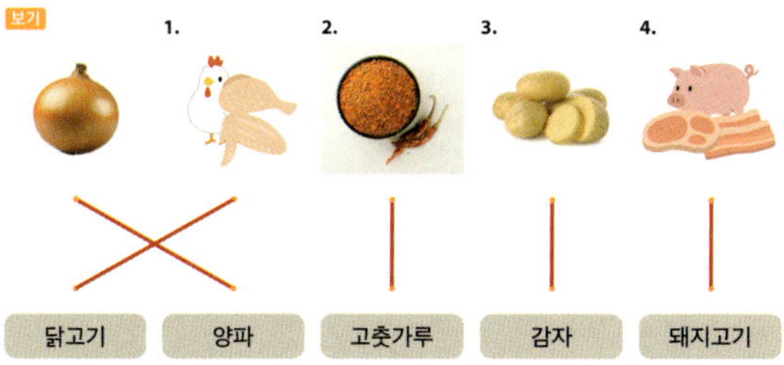


◎ 단어를 쓰세요.

1. 씻어요
2. 썰어요
3. 물을 끓여요
4. 닭을 튀겨요

### ■ 문법 1

◎ 문장을 만드세요.

1. 지난주에 본 영화가
2. 씻은 야채를
3. 며칠 전에 카페에서 들은 노래가
4. 집에서 만든 음식을

### ■ 문법 2

◎ 문장을 만드세요.

1. 내일 아침에 먹을 빵을
2. 저녁에 만들 음식의
3. 오랜만에 가족들을 만날 생각을
4. 운동할 때 신을 신발을

### ■ 문법 3

◎ 문장을 만드세요.

1. 짧게
2. 싸게
3. 깨끗하게
4. 늦게

### ■ 문법 연습

◎ 대화를 만드세요.

1. 예쁘게
2. 밝게
3. 재미있게

◎ 문장을 만드세요.

1. 본, 볼
2. 만난, 만날
3. 만든, 만들

### ■ 대화

◎ 질문에 대답하세요.

1. 두 사람은 저녁에 먹을 제육볶음을 만들고 있습니다.
2. 만든 양념에 고기를 넣고 30분 기다려야 합니다.

◎ 대화를 만드세요.

민수: 자, 그럼 점심에 먹을 김치전을 함께 만들어 볼까요?
마이: 네, 좋아요. 재료는 밀가루, 김치, 물, 식용유를 준비했어요. 반죽은 어떻게 해요?
민수: 반죽은 밀가루에 물, 작게 썬 김치를 넣고 잘 섞으면 돼요.
마이: 다 만들었어요. 이제 바로 구우면 돼요?
민수: 네. 프라이팬에 기름을 두르고 반죽을 잘 구우면 돼요. 그리고 맛있게 드세요.

## 8과

### ■ 문화

◎ 질문에 대답하세요.

1. 어린이날, 어버이날, 스승의날
2. '어버이'는 어머니와 아버지를 높여 부르는 말

# 모범 답안

입니다.
'스승'은 '자기를 가르쳐서 인도하는 사람'을 뜻하는 한국어 고유어입니다.

## ■ 복습

◎ 다음 문제를 풀어 보세요.

| | | | | |
|---|---|---|---|---|
| 1. ④ | 2. ② | 3. ② | 4. ④ | 5. ① |
| 6. ③ | 7. ④ | 8. ② | 9. ② | 10. ① |
| 11. ③ | 12. ① | 13. ④ | 14. ③ | 15. ② |
| 16. ② | 17. ④ | 18. ④ | 19. ③ | 20. ① |

# 9과

## ■ 어휘와 표현

◎ 연결하세요.

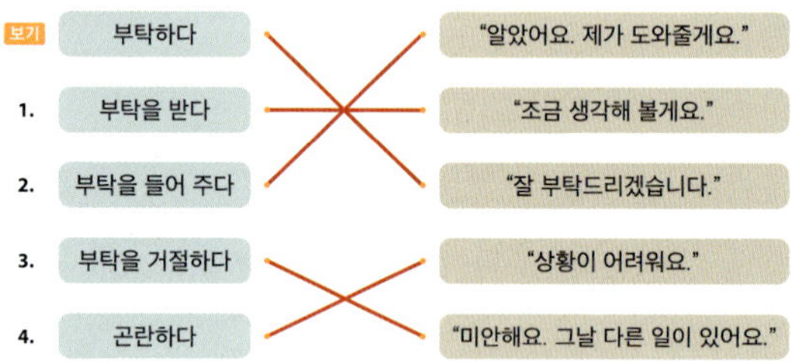


◎ 단어를 쓰세요.

1. 반납하러
2. 번역하는
3. 빌려줬어요
4. 옮기고 있어요

## ■ 문법 1

◎ 대화를 만드세요.

1. 축하해 줘서
2. 가르쳐 줬어요
3. 닫아 주세요
4. 찍어 주세요

## ■ 문법 2

◎ 문장을 만드세요.

1. 좋아하기 때문에
2. 멀기 때문에
3. 독서이기 때문에
4. 열심히 했기 때문에

## ■ 문법 3

◎ 대화를 만드세요.

1. 만들기로 해요
2. 공부하기로 해요.
3. 다음 주부터 하기로 했어요
4. 놀이공원에 가기로 했어요

## ■ 문법 연습

◎ 대화를 만드세요.

1. 한국 문화를 배우고 싶기 때문이에요
2. 아침 일찍 문을 열기 때문이에요
3. 항상 웃고 있기 때문이에요

◎ 문장을 만드세요.

1. 해외여행을 가기로 했어요
2. 일찍 일어나기로 했어요
3. 간식을 안 먹기로 했어요

## ■ 대화

◎ 질문에 대답하세요.

1. 짐 옮기는 일을 부탁했습니다.
2. 주말에 청소를 도와주기로 했습니다.

◎ 대화를 만드세요.

다카시: 민수 씨, 내일 잠깐 시간 있어요? 저 좀 도와줄 수 있어요?
민수: 다카시 씨, 무슨 일이에요?
다카시: 제가 다음 달에 한국어 시험을 보기로 했는데 모르는 문제가 너무 많아서요. 민수 씨가 좀 문제를 설명해줄 수 있어요?
민수: 미안해요. 내일은 좀 곤란해요. 내일 친구의 결혼식이 있기 때문에 고향에 가야 해요.
다카시: 그렇군요. 괜찮아요. 어쩔 수 없죠.
민수: 주말에 제가 시험 공부를 도와줄까요?
다카시: 고마워요. 사실 이번 주말에 마이 씨가 공부를 도와주기로 했어요. 민수 씨는 다음 주에 시간이 되면 공부를 도와주세요.
민수: 그럼 다음 주말에 봐요. 혹시 그 전에 모르는 게 있으면 언제든지 연락 주세요.

## 10과

### ■ 어휘와 표현

◎ 연결하세요.

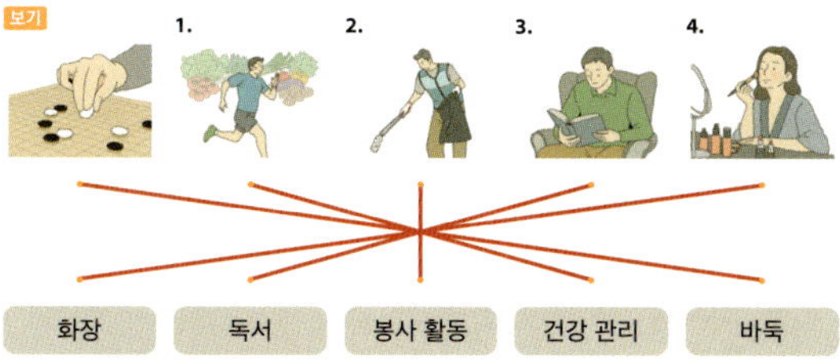


◎ 단어를 쓰세요.

1. 활발한
2. 착해요
3. 성실해요
4. 사교적이에요

### ■ 문법 1

◎ 대화를 만드세요.

1. 어깨라고 해요
2. 여권이라고 해요
3. 추천이라고 해요
4. "민수야"라고 해요

### ■ 문법 2

◎ 문장을 만드세요.

1. 다이어트를 하려고
2. 김치전을 만들려고
3. 아이스크림을 사려고
4. 음악을 들으려고

### ■ 문법 3

◎ 문장을 만드세요.

1. 키가 큰 편이에요
2. 시급이 높은 편이에요
3. 카페에 가는 편이에요
4. 사람이 없는 편이에요

### ■ 문법 연습

◎ 문장을 만드세요.

1. 마크라고 해요
2. 보리라고 해요
3. 잠꾸러기라고 해요

◎ 대화를 만드세요.

1. 잘 못 먹는 편이에요
2. 내성적인 편이에요
3. 조금 짠 편이에요

### ■ 대화

◎ 질문에 대답하세요.

1. 같이 한국 책을 읽을 사람을 찾으려고 모임에 나갔습니다.
2. 마이 씨의 성격은 내성적인 편입니다.

◎ 대화를 만드세요.

다카시: 안녕하세요? 저는 다카시라고 해요. 이 한국어 공부 모임은 처음이지요?

레나: 처음 뵙겠습니다. 저는 독일에서 온 레나라고 합니다.

다카시: 이 모임에는 어떻게 오셨어요?

레나: 저는 한국어는 잘하는 편인데 같이 한국어로 이야기할 친구가 없어요. 그래서 친구를 사귀려고 왔어요.

다카시: 그렇군요. 저는 올해 한국어 시험을 보려고 해요. 그래서  시험 준비를 하려고 모임에 나오고 있어요. 저쪽에 있는 다른 분들도 소개해 줄게요. 같이 갈까요?

레나: 네, 좋아요. 다카시 씨는 처음 만난 사람에게도 굉장히 친절한 것 같아요.

다카시: 정말요? 사실 그런 이야기를 자주 듣는 편이에요.

레나: 멋져요. 저는 내성적인 편이라 먼저 이야기를 시작하는 것이 어려워요.

초급 한국어 2
205
모범 답안

# 모범 답안

## 11과

### ■ 어휘와 표현

◎ 연결하세요.

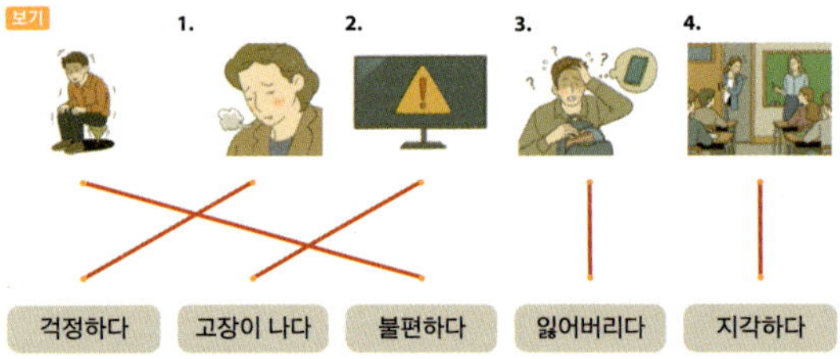


◎ 단어를 쓰세요.

1. 분실물 센터
2. 수리했어요
3. 고객 센터
4. 지각했어요

### ■ 문법 1

◎ 대화를 만드세요.

1. 가벼우면 돼요
2. 여권만 있으면 돼요
3. 바로바로 메모하면 돼요
4. 매일 한국어를 연습하면 돼요

### ■ 문법 2

◎ 대화를 만드세요.

1. 쌓였어요
2. 팔려요
3. 감겨요
4. 닫혔어요

### ■ 문법 3

◎ 문장을 만드세요.

1. 수리하는 중이에요
2. 화장하는 중이에요
3. 씻는 중이에요
4. 운동 중에

### ■ 문법 연습

◎ 문장을 만드세요.

1. 해결 방법을 찾으면 돼요
2. 새 비밀번호를 만들면 돼요
3. 전원 버튼을 다시 누르면 돼요

◎ 문장을 만드세요.

1. 사람이 물렸어요
2. 길이 막혔어요
3. 전화가 끊겼어요

### ■ 대화

◎ 질문에 대답하세요.

1. 마이 씨가 휴대폰을 잃어버렸습니다.
2. 다카시 씨가 마이 씨의 휴대폰을 찾아 주었습니다.

◎ 대화를 만드세요.

민수: 유진 씨, 왜 그래요? 무슨 일 있어요?
유진: 제 노트북을 고치는 중이에요. 아까부터 영상 소리가 안 들려요. 큰일 났어요.
민수: 괜찮아요. 천천히 다시 해 보면 돼요. 언제부터 이렇게 되었어요?
유진: 한 시간 전부터요.
민수: 그래요? 이상하네요.
유진: 아무래도 고객 센터에 문의해야 할 것 같아요. 거기에 전화해 줄 수 있어요?
민수: 네, 지금 전화해 볼게요. (잠시 후) 제가 전화로 수리를 예약했어요. 지금 바로 가면 돼요.
유진: 정말 고마워요, 민수 씨. 할 일이 많이 쌓여서 걱정했어요.
민수: 괜찮아요. 금방 수리하면 돼요.

## 12과

### ■ 어휘와 표현

◎ 단어를 쓰세요.

1. 스트레스가 없어요
2. 스트레스가 쌓여요
3. 풀어요
4. 스트레스가 풀려요

◎ 연결하세요.

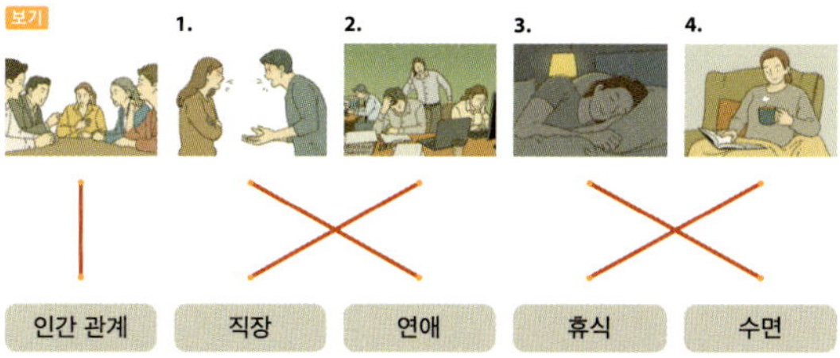


## ■ 문법 1

◎ 문장을 만드세요.

1. 짧아졌어요
2. 비싸졌어요
3. 시원해졌어요
4. 활발해졌어요

## ■ 문법 2

◎ 문장을 만드세요.

1. 듣게 되었어요
2. 알게 되었어요
3. 해외에서 살게 되었어요
4. 일찍 일어나게 되었어요

## ■ 문법 3

◎ 문장을 만드세요.

1. 저는 여행을 좋아하는데
2. 식당에 손님이 많은데
3. 아르바이트는 힘든데
4. 30분 전에 밥을 먹었는데

## ■ 문법 연습

◎ 대화를 만드세요.

1. 점점 더 재미있어졌어요
2. 노트북이 가벼워졌어요
3. 교실이 조용해졌어요

◎ 문장을 만드세요.

1. 날씨가 따뜻한데
2. 이 카페는 커피가 맛있는데
3. 약을 먹었는데

## ■ 대화

◎ 질문에 대답하세요.

1. 새 프로젝트를 맡게 되어서 스트레스를 받고 있습니다.
2. 요가를 하고 나서 스트레스가 풀리고 마음이 편안해졌습니다. 그리고 아침 일찍 일어나게 되었습니다.

◎ 대화를 만드세요.

유진: 다카시 씨, 오랜만이에요. 우리 한 달만에 보는 거지요? 어떻게 지내요?

다카시: 최근에 인턴으로 일하게 되어서 스트레스를 받고 있어요.

유진: 이런, 밤에 잠은 잘 자요? 저는 요즘 스트레스가 많아져서 잠을 잘 못 자요.

다카시: 유진 씨도요? 저도요. 무슨 좋은 방법 없을까요?

유진: 저는 자기 전에 휴대폰을 안 보려고 해요. 예전에는 자기 직전까지 휴대폰을 봤는데 요즘은 거의 안 봐요.

다카시: 저도 그렇게 해 볼래요.

유진: 좋은 생각이에요. 그리고 저는 운동도 시작했어요. 운동을 시작하고 나서 좀 더 잘 자게 되었어요.

다카시: 규칙적인 운동과 충분한 수면. 저도 잘 아는데 실제로 하는 게 어렵네요. 하하.

# 13과

## ■ 어휘와 표현

◎ 연결하세요.

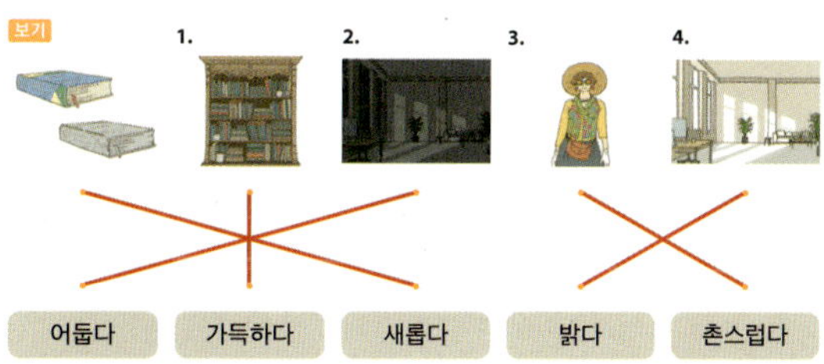


◎ 단어를 쓰세요.

1. 똑같아요
2. 닮았어요
3. 보다 더
4. 비슷해요

# 모범 답안

## ■ 문법 1

◎ 문장을 만드세요.

1. 형처럼
2. 가수처럼
3. 새처럼
4. 사진처럼

## ■ 문법 2

◎ 문장을 만드세요.

1. 누워 있어요
2. 정지해 있어요
3. 가 있어요
4. 쓰여 있어요

## ■ 문법 3

◎ 문장을 만드세요.

1. 매워 보여요
2. 비싸 보여요
3. 불편해 보여요
4. 어려 보여요

## ■ 문법 연습

◎ 문장을 만드세요.

1. 과일이 꿀처럼 달아요
2. 저는 엄마처럼 크고 싶어요
3. 다카시 씨는 한국 사람처럼 한국어를 해요

◎ 대화를 만드세요.

1. 아파 보여요
2. 더워 보여요
3. 행복해 보여요

## ■ 대화

◎ 질문에 대답하세요.

1. 유진 씨는 다카시 씨에게 덕수궁을 추천했습니다.
2. 경치가 정말 예쁘고 케이크도 맛있었습니다.

◎ 대화를 만드세요.

마이: 민수 씨, 역 앞에 새로 생긴 식당에 가 봤어요?

민수: 새로 생긴 식당이요? 아직이에요. 왜요?

마이: 제가 주말에 그 식당에 다녀왔는데 음식이 맛있고 분위기가 좋았어요. 그래서 추천하고 싶어서요.

민수: 그래요? 사진 있으면 보고 싶어요.

마이: 여기 사진이요. 저랑 친구는 안쪽에 앉아 있었는데 조용하고 분위기가 좋았어요.

민수: 와~ 인테리어가 그림처럼 예쁘네요. 음식도 정말 맛있어 보여요. 그런데 이건 좀 매워 보여요.

마이: 네, 조금 맵지만 정말 맛있었어요. 저녁에는 비어 있는 자리가 거의 없으니까 예약을 하고 같이 가요.

민수: 네, 좋아요.

## 14과

## ■ 어휘와 표현

◎ 연결하세요.

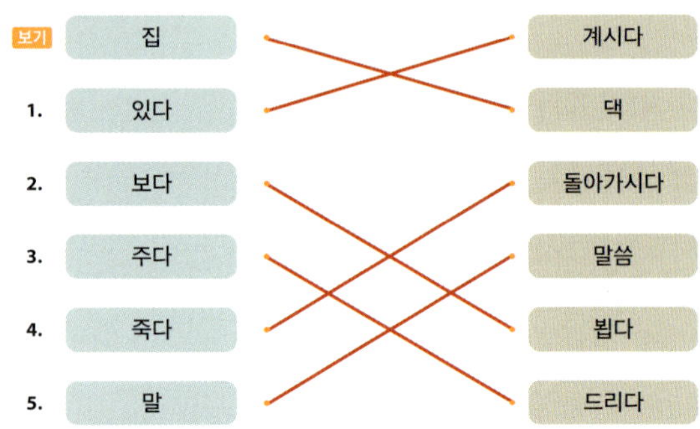


◎ 단어를 쓰세요.

1. 혼났어요
2. 싸웠어요
3. 잘못했어요
4. 화해했어요

## ■ 문법 1

◎ 문장을 만드세요.

1. 소고기밖에
2. 십오 점밖에
3. 이천 원밖에
4. 일밖에

## ■ 문법 2

◎ 문장을 만드세요.

1. 께
2. 께서
3. 께서
4. 께
5. 께

## ■ 문법 3

◎ 문장을 만드세요.

1. 잃어버렸을 때
2. 돌아가셨을 때
3. 도착했을 때
4. 학교에 왔을 때

## ■ 문법 연습

◎ 문장을 만드세요.

1. 교수님께, 친구에게
2. 후배에게, 사장님께
3. 어머니께, 아버지께

◎ 대화를 만드세요.

1. 보고서를 작성했을 때
2. 노트북이 고장났을 때
3. 한글을 배웠을 때

## ■ 대화

◎ 질문에 대답하세요.

1. 거래처에 메일을 보낼 때 중요한 파일을 빼고 보냈습니다.
2. 메일을 보내기 전에 잘 확인할 것입니다.

◎ 대화를 만드세요.

유진: 다카시 씨, 얼굴이 안 좋아 보여요. 무슨 일 있어요?
다카시: 어제 회사에서 높임말 실수를 했어요.
유진: 아이고, 무슨 단어였어요?
다카시: 저는 '뵙다'를 몰랐어요. 그래서 저는 거래처 부장님께 "다음에 봐요."라고 했어요.
유진: 그런 일이 있었군요. 그래서 어떻게 했어요?
다카시: 거래처 부장님이 "네, 다음에 뵙겠습니다." 라고 말씀하셨을 때 이상한 것을 알았어요. 그래서 바로 사과했어요.
유진: 괜찮아요. 누구나 실수할 수 있어요. 저도 처음 한국어를 배웠을 때 실수를 많이 했어요.
다카시: 이번 기회에 높임말을 조금 더 열심히 공부하려고 해요.
유진: 좋은 생각이에요. 높임말을 잘하려면 계속 연습하는 방법밖에 없어요.

# 15과

## ■ 문화

◎ 질문에 대답하세요.

1. 동해는 물이 깊고 맑아서 해수욕하러 찾는 사람이 많고, 남해는 섬이 많아서 '다도해'라고 불립니다. 그리고 서해는 물이 얕고 갯벌이 넓게 펼쳐져 있다는 특징이 있습니다.
2. 한국의 산에서는 등산과 산책, 단풍 놀이, 긴 등산 코스, 겨울철 눈 속 등산 등을 즐길 수 있습니다.

## ■ 복습

◎ 다음 문제를 풀어보세요.

| | | | | |
|---|---|---|---|---|
| 1. ① | 2. ③ | 3. ② | 4. ③ | 5. ④ |
| 6. ① | 7. ④ | 8. ② | 9. ③ | 10. ④ |
| 11. ④ | 12. ① | 13. ③ | 14. ④ | 15. ③ |
| 16. ② | 17. ④ | 18. ③ | 19. ① | 20. ② |

# 16과

## ■ 종합 연습

◎ 다음 문제를 풀어 보세요.

| | | | | |
|---|---|---|---|---|
| 1. ② | 2. ④ | 3. ① | 4. ③ | 5. ④ |
| 6. ② | 7. ④ | 8. ① | 9. ③ | 10. ① |
| 11. ② | 12. ② | 13. ① | 14. ② | 15. ① |
| 16. ① | 17. ③ | 18. ③ | 19. ④ | 20. ③ |
| 21. ③ | 22. ② | 23. ④ | 24. ② | 25. ④ |
| 26. ④ | 27. ③ | 28. ④ | 29. ④ | 30. ③ |
| 31. ③ | 32. ④ | 33. ② | 34. ② | 35. ① |

# 어휘 색인

# 어휘 색인



## ㅈ



## ㅊ



## ㅋ



## ㅌ



## ㅍ



## ㅎ

# 문법 색인

집필

**진정란**
사이버한국외국어대학교 한국어학부 교수

**이민우**
사이버한국외국어대학교 한국어학부 교수

**노채환**
사이버한국외국어대학교 한국어학부 교수

**송은정**
사이버한국외국어대학교 한국어학부 교수

**허원진**
사이버한국외국어대학교 한국어학부 겸임교수

**허은혜**
사이버한국외국어대학교 한국어학부 강사

**안유진**
파리시테대학교 한국학과 전임강사

**정민수**
한국외국어대학교 한국어문화교육원 강사

# 초급 한국어 2

**초판 1쇄 발행** 2026년 1월 1일

**지은이** 사이버한국외국어대학교 한국어학부
**펴낸이** 박영호, 박민우
**기획팀** 송인성, 김선명, 김선호
**편집팀** 박우진, 김영주, 김정아, 최미라, 전혜련, 박미나
**관리팀** 임선희, 정철호, 김성언, 권주련
**펴낸곳** (주)도서출판 하우

**주소** 서울시 중랑구 망우로68길 48
**전화** (02)922-7090
**팩스** (02)922-7092
**홈페이지** http://www.hawoo.co.kr
**e-mail** hawoo@hawoo.co.kr
**등록번호** 제2016-000017호

**값 25,000원**
ISBN 979-11-6748-276-1 14710
ISBN 979-11-6748-274-7 (set)